괜찮아 나도 그랬어

서툴고 헤매도 자신의 길을 가길 바라며

괜찮아 나도 그랬어

© 임영진, 2020

1판 1쇄 인쇄_2020년 10월 08일
1판 1쇄 발행_2020년 10월 18일

지은이__임영진
펴낸이__홍정표

펴낸곳__작가와비평
    등록__제2018-000059호
    이메일__edit@gcbook.co.kr

공급처_(주)글로벌콘텐츠출판그룹
    주소__서울특별시 강동구 풍성로 87-6
    전화__02) 488-3280 팩스__02) 488-3281
    홈페이지__http://www.gcbook.co.kr

값 13,500원
ISBN 979-11-5592-263-7 03190

괜찮아 나도 그랬어

서툴고 헤매도 자신의 길을 가길 바라며

임영진 지음

작가와비평

착해빠져가지고

'사람이 착해 보이긴 한데….' '영진이 착하긴 해' 내가 살면서 가장 많이 들어 본 말 중 하나이다. 어렸을 때는 착하다는 말을 듣는 게 좋았다. 그래서 착하다는 말을 더 많이 듣고 싶어서 여러 노력을 했던 것 같다.

요즘은 누군가에게 착하다는 말을 듣는 것이 꼭 유쾌하지만은 않은 세상이 된 것 같다. 더구나 사회생활 하며 만나는 관계 안에서 타인에게 착하다고 말할 때 꼭 좋은 의미만 내포 되어 있지 않을 때도 있다.

착한아이 콤플렉스라는 것이 있다. 자신의 감정을 솔직히 표현하지 못하고, 타인에게 착한사람으로 남기 위해 욕구나 소망을 억압하면서 지나치게 노력하는 것을 말한다. 정신분석학에서는 어린 시절 주 양육자(대개 부모)로부터 버림받을까봐 두려워하는 유기공포(fear of abandonment)가 심한 환경에서 살아남으려는 방어기제의 일환으로 본다.

누구나 타인에게 칭찬받고 인정받고 싶어 한다. 하지만 인정받기 위해 지나치게 노력하지 않아도 괜찮다고 말해주고 싶다. 다른 사람에게 칭찬받고 인정받기위해 애쓰기 이전에 스스로를 칭찬해 주고 자신이 진정으로 무엇을 원하는지 자신과 대화를 많이 할 필요가 있다. 그리고 스스로 '나는 괜찮아.'라고 말하면서 아무렇지 않은 척하며 넘어가는 것을 조심해야 한다.

스스로를 억누르면서까지 타인의 시선과 마음에 들기 위해 맞추려고 하지 않아도 괜찮다. 남에게 맞추기 위해 노력하는 대신 여러분의 삶이 무너지지 않도록 자신의 마음을 세심하게 들여다봤으면 좋겠다.

그리고 혹 무너지더라도 충분히 다시 일어날 수 있는 힘이 되어 줄 건강한 원칙과 방법들이 필요하다. 그러려면 우선 자신이 누구인지, 무엇과 만났을 때 긍정적인 화학 반응을 일으키는지 알아야 한다. 자기 자신과 대화하며 나는 어떤 사람인지, 어떤 것과 잘 맞는지 등을 알아가도록 하고 여러 시도를 해보면서 건강한 자신만의 방법과 철학이 하나씩 생긴다면 자연스럽게 자신다운 모습을 갖출 수 있게 될 것이다.

이 책에는 나다움을 갖춰 가는 과정에서 발견하고 알게 된 나에게 적합한 방법들을 열거해 놓았다. 나에게 적합했던 것들이 여러분에게도 잘 맞을 수도 있고 그렇지 않을 수도 있다. 책을 읽으면서 자신에게 도움이 될 만한 내용이 있다면 적용해 보고, 그렇지 않은 점은 가볍게 넘어가도 무방하다.

진정으로 자신다운 것이 무엇인지 알게 되고 나다운 모습을 하나씩 갖출 수 있게 되는데 이 책이 도움이 되었으면 좋겠다.

2020년 가을, 제주도에서
임영진 드림

Part 02 나답게 살기

Part 03 자신에게 맞는 것 찾기

Part 01

나 돌아보기

●●●
나는
말을
더듬었다

지금까지 본 영화중에 가장 인상 깊게 본 영화는 어떤 것인가?

내가 지금까지 본 영화중에 인상 깊게 봤었고 요즘도 가끔 찾아보는 영화가 몇 작품 있다. 그 중 처음 본 순간 크게 와 닿은 영화가 있다.

바로 콜린퍼스 주연의 킹스 스피치(The King's Speech) 라는 영화이다. 킹스 스피치는 2차 세계대전 중 왕위에 오르게 된 영국의 조지 6세의 실제 이야기를 모티브로 해서 만든 영화이다.

왕위에 오른 조지 6세에게 가장 큰 콤플렉스

는 바로 말을 더듬는 것이었다. 당시 국제 정세는 2차 세계대전으로 매우 혼란한 상황이었다. 그런 상황 속에서 영국 국민들은 국왕에게 희망과 용기가 되는 말을 기대하고 있었다. 그것을 잘 알고 있었지만 조지 6세는 마이크를 잡고 국민들 앞에 서는 것이 두려웠다. 그렇지만 희망의 메시지가 필요한 국민들을 위해 조지 6세는 말더듬는 것을 고칠 필요가 있었다.

여러 번의 시도 끝에 결국 아내인 엘리자베스 왕비의 소개로 한 언어 치료사를 만나 말 더듬을 극복하게 된다. 영화를 보면서 조지 6세가 말을 더듬지 않게 되는 과정을 보면서 소름이 돋았다.

나중에 알아보니 영화 속 조지 6세의 이야기가 실화를 바탕으로 만들었다는 사실을 알게 되었고 말을 더듬었던 나의 과거가 생각이 나서 이 영화는 나에게 강하게 각인이 되었다.

나는 어렸을 때 말을 더듬는 아이였다. 정확히 언제부터 어떤 이유로 말을 더듬게 되었는지는 잘 기억이 나지 않는다. 말더듬는 것과 관련해서 많은 일들이 있었지만 지금도 생생하게 기억에 남는 하나의 에피소드가 있다.

초등학교 학예발표회 때 반 아이들과 함께 백설 공주 동화를 공연 했었다. 나는 극중 왕자 역할을 맡게 되었다.

한 번의 학예발표회 공연을 위해 꽤 오랜 시간 연습을 했다. 먼저 그룹별로 대사를 외우고 연습하다가 모두 강당에 모여 전체 리허설을 할 때였다. 반 친구들 모두가 지켜보는 가운데 대사를 하는 것이 긴장되고 많이 떨렸다. 무대 위에서 받는 중압감은 어린 나에게는 큰 스트레스였다. 참고로 말 더듬는 것은 평소에는 비교적 덜 나타나는데 긴장되고 떨리는 상황에서는 더욱 두드러지게 나타난다.

먼저 공주 역할의 친구가 대사를 하고 이제 내가 대사를 하는 차례가 되었다. 문제는 그때 발생 했다. 여러 사람들의 시선을 받지 않는 일상적인 상황에서 친구들과 대사를 맞춰볼 때는 조금 불안하긴 했지만 그래도 큰 문제없이 했었다. 하지만 많은 사람들이 지켜보는 가운데 긴장된 상태에서 대사를 할 때는 상황이 다르다. 이제 내가 대사를 하면 되는데 순간 말이 안 나오는 것이다.

분명 대사를 외웠고 말을 해야겠다는 생각을 하는데도 말이 안 나오는 것이다. 그렇게 대사를 못하고 몇 초의 시간이 흘렀던 것 같다.

선생님을 포함해서 반 친구들 모두가 나를 쳐다보는데도 대사가 입 밖으로 안 나왔다. 그러다 홍당무처럼 빨개진 얼굴로 더듬으며 '고고고공공..ㅈㅈ주 사사사랑하오' 이렇게 대사를 했다.

순간 잠깐의 침묵이 흘렀고 곧 강당에 있던 모든 사람들이 큰 웃음을 터트렸다. 나는 얼굴이 터질 것처럼 더욱 빨개졌고 쥐구멍에라도 들어가고 싶은 마음뿐 이었다. 사실 반 친구들은 내가 말을 더듬는 것을 알고 있었지만 모른체 해주는 분위기였다.

그렇지만 친구들 앞에서 공개적으로 내가 말을 더듬는다는 것을 들켰다는 생각에 창피했다. 그 순간에는 죽고 싶은 마음까지 들었다.

초등학생 시절에는 이처럼 말을 더듬어서 생긴 일들이 많이 있었다. 그렇게 나는 말더듬는 아이로 학창시절을 보냈다. 이런 콤플렉스 때문에 발표할 기회가 생겨도 손을 드는 일은 거의 없었다. 말이 없고 조용한 아이처럼 지냈다.

그러다 중학생, 고등학생이 되면서 말을 더듬는 현상은 조금 나아졌다. 하지만 성인이 되어서도 말을 더듬는 현상은 약간 남아 있었다.

말을 더듬는 것 자체도 스트레스이지만 더욱 힘든 것은 나 스스로 느끼는 여러 감정들이었다. 내가 말을 더듬는다는 것을 상대방이 알면 나를 이상하게 보진 않을까? 하는 피해의식과 열등감이 나 스스로를 더욱 괴롭혔다. 그래서 결단을 해야 했다. 더 이상 말을 더듬으며 살고 싶지는 않았기 때문이다.

그래서 여러 가지 도움이 된다는 것들을 해보았다. 또 서점에서 목소리 트레이닝을 할 수 있는 책을 사서 매일 발성과 발음 연습도 했다. 도움이 된다고 생각해서 책을 사기는 했지만 과연 책을 보면서 혼자 훈련한다고 얼마나 나아질 수 있을까? 하는 의구심이 들기도 했다. 그렇지만 별다른 대안이 없었다. 책을 보면서 매일 직접 해보는 방법 밖에는 없었다.

집에 놀러 온 한 친구는 매일 책을 보며 연습하는 나를 이상하게 보기도 했지만 개의치 않았다. 더 이상 말을 더듬지 않고 싶었고, 좋은 목소리를 갖고 싶었다. 그렇게 책을 보며 매일 연습하는 동시에 일상생활 속에서는 말을 천천히, 또박또박 하려고 했다.

혹 자신이 현재보다 좀 더 좋은 발음을 갖길 원한다면 누워서 어깨에 힘을 빼고 책을 천천히 또박또박 읽는 연습을 하면 도움이 된다.

그렇게 1년 정도 하다 보니 어느 날 처음 만나는 사람과 대화를 하면 목소리가 좋다는 말을 들을 때도 있게 되었다. 처음 만나는 사람은 내가 말을 더듬었던 사실을 알지 못할 정도가 된 것이다.

비로소 나의 진짜 목소리를 찾게 되었다.

말을 더듬지 않고 싶었고 더 나아가 나의 목소리를 찾고 싶어서 발음과 발성 훈련을 하고 또 했다. 그렇게 여러 가지 연습을 한 것도 도움이 되었고 어느 순간 생긴 자신감도 말을 더듬지 않게 되는데 큰 도움이 되었다. 말을 더듬었던 내가 더듬지 않게 된다는 것이 불가능 하다고 생각했던 때도 있었고 좌절한 적도 많았다. 그렇지만 포기하지 않았다. 그리고 말 더듬던 현상이 좋아지면서 알게 되었다.

나도 포기하지 않고 노력하면 할 수 있는 것이 있구나. 해보기 전에는 안 될 것 같았는데 더듬지 않게 되니 나도 할 수 있는 사람이라는 것을 말이다.

이제는 가끔 학창 시절에 말을 더듬었던 나를 생각해 보면 그땐 왜 그랬을까? 하는 생각이 들며 혼자 피식 웃곤 한다.

●●●

오춘기
뒤늦게 찾아 온
사춘기

어렸을 때는 또래 아이들보다 어른스럽다는 말을 듣는 게 좋았다. 그리고 사람들에게 어른스럽다는 말을 더 듣고 싶어서 집에서 뿐만 아니라 밖에서도 어리광을 부리지 않고 떼쓰지도 않았다. 어른이 된다는 것이 무엇인지도 모르면서 어른처럼 행동 하려고 했었다.

지금 생각해 보면 어른처럼 보이고 싶어서 어리광을 부리지 않은 게 아니라 떼쓰고 어리광을 부려도 소용없다는 것을 알았던 것 같다. 아버지께서는 늦은 밤까지 일하시는 날이 많으셨다. 그러다보니 떼쓰고 어리광을 부릴 대상이 없었다.

내가 학창 시절을 보낼 때도 지금처럼 나이키, 필라, 아디다스 같은 브랜드가 유행 했었다. 많은 친구들이 그런 유명 브랜드의 신발과 옷을 가지고 있었다. 나도 어린 마음에 친구들처럼 부모님께 투정 부리고 어리광도 부리며 갖고 싶은 것을 사달라고 하고 싶었다.

하지만 고등학교를 졸업 할 때까지 유명 브랜드의 신발과 옷을 가져본 적이 없었다. 지금 생각해 보면 대수롭지 않은 일인데 학창 시절에는 그게 크다고 생각되던 나이였다. 유명 브랜드 대신 학창시절에 신고 다녔던 신발은 친구들은 잘 모르는 브랜드의 신발이거나 아버지께서 상갓집에서 가져오신 하마가 그려져 있는 히포 브랜드의 신발이었다. 그 신발이 부끄러운 게 아닌데 어린 마음에 친구들 신발과 비교하며 창피 하다고 생각 했었다. 친구들의 신발이 부러웠지만 아버지께는 한 번도 사달라고 말씀을 드린 적이 없었다. 아버지께서 얼마나 가족을 위해 열심히 일하시는지 알고 있었기 때문이다.

그렇게 아무것도 모르는 일찍 철이 든 애어른

이 되었다. 당연히 사춘기도 반항 한번 없이 너무도 조용하게 지나갔다.

근데 사춘기가 무난하게 지나갔던 것이 반드시 좋은 것만도 아닌 것 같다. 사춘기는 아이에서 어른이 되는 과정이다.

자신의 정체성에 대해서 생각하고, 때로는 기존의 질서나 방식을 맹목적으로 따르기 보다는 자신의 방식을 새롭게 확립하고 싶은 시기이다. 그래서 많은 것이 혼란스럽고 마음이 복잡한 시기이다.

사춘기를 보낼 때 지나치게 심한 일탈이나 남에게 피해를 주는 행동을 하면 안 되겠지만, 자신의 정체성을 찾기 위한 여러 시도나 어른들과의 가벼운 마찰은 필연적이다. 그러한 과정을 통해 자신을 알아가고 성숙한 성인이 되는 것이다.

나는 사춘기 때 그런 과정이 거의 없었다.

그러다 20대에 사회생활을 하면서 정신적으로 많은 방황을 했다. 그것이 요즘 말하는 오춘기라고 할 수 있다. 오춘기가 무엇인지 알아보다가 20대의 나를 가만히 되짚어 보니 내가 오춘기를 심하게 겪었다는 것을 알게 되었다.

주변 상황과 나 자신에 대해 혼란스럽고 무기력했다. 때론 내가 왜 이러지 하는 생각이 들기도 하고, 어디론가 도망치고 싶은 적도 많았다. 정체성에 혼란이 왔고 여러 가지로 답답하고 짜증도 났던 시기였다. 나의 경우에는 그런 현상이 꽤 오랫동안 지속되었다.

지금은 어느 정도 안정이 되었지만 아직도 오춘기가 완전히 끝난 것 같지는 않다. 어쩌면 생의 마지막 날까지 오춘기 일지도 모르겠다.

난 어려서부터 하고 싶은 것이 생기거나 갖고 싶은 물건이 생겨도 혹여나 부모님께 부담을 드릴까봐 말씀을 드리지 않고 그냥 지나가는 편이었다. 그 흔한 과자 하나가 먹고 싶어도 뜨거운 땡볕에서 일하시는 부모님을 생각해서 돈을 달라고 말씀드리지 못했다. 그렇게 제 나이 때 하지 않고 억누르다가 결국 20대에 모든 것이 분출되지 않았나 싶다.

그래서 사춘기 때 한번쯤은 생각해보게 되는 나는 누구인가? 앞으로 어떤 삶을 살고 싶으며, 정말 좋아하고, 하고 싶은 건 무엇인지 등을 20대가 되어서 고민하고 또 고민 했던 것 같다. 물론 그 시간들을 후회하지는 않는다. 그런 시간들이 모여 지금의 내가 되었다고 생각하기 때문이다.

20대에는 오춘기가 혼란스럽고 말로 설명하기 힘든 감정들에 괴로운 적도 있었지만 그 과정이 한 번씩 지나가면 조금은 성장하게 되어서 한편으로는 고맙기도 하다.

앞으로 이 책에 나오는 많은 내용이 이 시기와 맞물려 있다. 먹고 사는 문제, 꿈, 정서적 방황, 인간관계 등등….

지금 오춘기를 겪고 있는 분들이 있다면 먼저 박수를 보내주고 싶다. 하지만 동정이나 무의미한 위로는 하고 싶지 않다. 나는 누군가의 무의미한 위로나 동정은 전혀 도움이 안 됐다. 오히려 나를 믿어주었던 사람, 조급하게 재촉하지 않고 기다려준 사람이 고마웠고 많은 도움이 되었다.

지금 많이 힘들고 외롭고 괴로울 수 있다.

하지만 확실한 것은 어쩌면 오춘기를 겪는 것이 정상적인 과정이고 그 시간을 잘 지나간다면 분명 좀 더 성숙한 사람이 될 것이다.

당신이 지금 겪고 있는 오춘기를 통해 더 깊이 있고 성숙해 지기를 기도하겠다.

●●●
나의
20대를
돌아보면

　나의 20대 이야기를 조금 더 하겠다. 보통 20대
를 푸른 봄, 청춘(靑春)이라고도 한다. 새로운 세
상으로 나가는 시기이자 다양한 사람과 만나는
때이기도 하다. 찬란할 것만 같았던 나의 20대는
기쁘고 행복했던 일도 있었지만 막막하고 비참하
기까지 했던 날들이 더 많았던 것 같다. 20살에
들어간 첫 직장을 시작으로 20대를 시작했다.
　고등학교 졸업식도 못가고 겨울방학 중에 입
사를 했다. 그 회사는 경기도 수원에 있는 TV를
생산하는 곳이었다. 신입으로 일하고 있던 어느

날 전화 한통을 받았다. 수업료와 육성회비 등 학교에 납부해야 되는 돈이 미납되어 있어서 돈을 내지 못하면 졸업장을 못 받고 졸업 처리가 안 된다는 전화였다. 일하며 받은 월급으로 미납된 돈을 냈고 졸업장은 친구가 대신 받아줬다.

당시에는 마음이 좀 안 좋았는데 지금 생각하면 부모님께 손 벌리지 않고 내 힘으로 해결하게 되어서 차라리 잘했다는 생각이 든다.

그렇게 직장에 다닌 후 군 복무를 마치자마자 바로 공무원 시험을 준비하기 위해 노량진으로 갔다. 돈을 충분히 가지고 있지 않은 상태에서 서울로 상경했다.

학원 수강료, 고시원비, 밥값, 책값 등이 예상보다 많이 들어갔다. 몇 달 지나서 결국 가지고 있던 돈이 거의 다 떨어지게 되었다.

학원 강의를 등록할 돈이 없게 되어서 그러면 안 되지만 도둑강의를 한번 듣게 되었다. 수업 중에 강사분이 나를 지목하며 자신의 수업을 듣는 학생이 맞냐고 물어봤다. 평소에 들어보고 싶어서 들어갔는데 알고 보니 그 수업은 소수인원으로 진행되는 것이었다.

나는 아무런 대답을 할 수 없었고 학생들이 지켜보는 가운데 수업 중간에 쫓겨났다. 정당하지 않은 방법으로 수업을 들으려 했으니 마땅히 그래야 했다. 정당하게 수강료를 지불하고 수업을 듣는 사람들에게 피해를 주면 안 되기 때문이다.

10년이 훨씬 지났지만 그날이 생생히 기억이 난다. 비가 오는 봄이었다. 우산도 없이 비를 맞으며 고시원으로 걸어갔다. 많이 부끄럽고 우울했던 날이었다. 그즈음이 자존감도 많이 낮아져 있었고 여러모로 어려운 시기였다. 돈이 없어서 밥을 굶은 날도 있었다.

결국 나 자신에게도 그렇고 남에게 피해를 주면 안 되겠다는 생각에 모든 것을 정리하고 일을 시작했다. 왜 내 인생은 이렇게 계속 시궁창에서 못 벗어날까 하는 생각을 하며 살았던 시간이었다. 그러다 보니 나와 비슷한 또래의 잘나가고 돈을 많이 버는 사람을 보면 열등감도 생기고 나 스스로를 많이 자책도 했었다.

누군가 다시 20대로 돌아가고 싶냐고 묻는다면 나는 단호히 NO라고 대답 할 것이다. 20대에 겪었던 경험들이 큰 자양분이 되었다고는 믿는다. 그리고 살아가는데 있어서 동기부여가 되는 것도 많았다.

　하지만 끝을 알 수 없는 터널처럼 막막하고, 한 줄기 빛도 보이지 않을 것 같았던 때로 다시 돌아가고 싶지는 않다. 지나고 보니 웃으며 이야기할 수 있는 추억이지 당시에는 고통이었고 힘듦의 연속이었다.

　돌아갈 수 없는 나의 20대여 감사하고 고맙지만 다시 만나고 싶진 않다.

●●●
20대에
잘한 일
2가지

2019년 6월 25일 서울 잠실야구장 투수 마운드에 낯선 선수가 서 있다. 초, 중, 고교 때 한 번도 학교 야구부에 들지 못한 '비선수' 출신이 1군 무대에 첫발을 내딛는 순간이다. 제도권에서 야구를 배우지 않은 선수가 프로야구 첫 1군 데뷔를 한 것이다.

그 선수의 이름은 '한선태'이다.

신문을 통해 한선태 선수의 스토리를 알게 되었다. 학창시절 엘리트 체육을 해봤던 사람은 짐작 할 수 있을 것이다. 제도권에서 체계적인 과정으로 훈련을 받지 않은 사람이 프로에 데뷔한다는 건 엄청나게 어려운 일이다. 기사를 읽으면서 20대인 한선태 선수에게 진심으로 응원의 박수를 보내주었다.

먼저 자신의 목표를 달성할 때까지 포기하지 않은 점이 대단하다. 어렸을 때 야구를 하고 싶었는데 야구부 코치에게 거절당한 적이 있었고, 성인이 되어서는 한국야구위원회(KBO) 규약에 비선수 출신은 신인 드래프트에 참여 할 수 없다는 규약이 있었기 때문에 절망하고 포기했을 수도 있었을 것이다. 수많은 거절과 좌절에도 자신의 꿈을 위해 단련하고 미래를 위해 땀을 흘렸다는 것이 멋있다.

그런 한선태 선수가 제일 듣기 싫었던 말이 너무 늦어서 안 된다는 말이었다고 한다.

운동 특성상 보통 어렸을 때부터 두각을 나타내고 큰 부상 없이 잘 성장해야 프로 세계에 들어 갈수 있다. 하지만 한선태 선수는 어렸을 때 야구를 하지 않고 나이가 들어서 독립 야구단에서 실력을 다졌다.

사실 세상이 먼저 우리를 알아주지는 않는다.

오직 자신만이 자신의 가능성을 믿고 노력해야 한다. 자신이 스스로를 신뢰하지 못하면 그 누구도 믿어주지 않는다. 그렇게 담금질하는 시간을 보내고 실력이 갖추어지면 비로소 세상이 찾는다.

한선태 선수는 끊임없이 노력해서 투구 속도를 최고 146km/h 까지 올렸다. 그리고 2018년 KBO에서 비선수 출신의 드래프트 참가를 허용했다. 마침내 한선태 선수는 LG트윈스에 입단하게 되었다. 10년 동안 노력해온 끝에 프로 선수가 된 것이다.

세상은 우리의 가능성과 가치를 제대로 모른다. 다른 사람들도 단편적인 모습만 보고 판단을 하는 경우가 많다. 그러니 타인의 평가에 너무 연연해하지 말고 자신의 가치를 스스로 만들어서 세상을 향해 멋지게 증명해 보이면 된다. 누구든 포기하지 않고 뜨겁게 노력하면 세상이 알아주는 날이 반드시 온다고 믿는다.

내가 20대에 가장 잘한 것 2가지가 있다.

첫 번째는 행사 전문 사회자가 된 것이다.

지금도 하고 있는 행사 전문 사회일은 직장생활을 하다가 정리하고 시작하게 되었다. 당시 직장을 그만두고 이직한다고 했을 때 주변에서 걱정을 많이 해줬다. 정작 당사자인 나는 크게 걱정이 되지 않았는데 말이다.

왜냐하면 이직하기 전에 매주 일요일마다 거제도에서 대전을 오가며 행사 사회자가 되기 위해 교육을 받았다. 그러면서 내가 이 일을 할 수 있을지 체크를 했기 때문이다. 이직을 한 이유는 무엇보다 진짜 해보고 싶은 일이었다. 당시 나는 나 자신에게 진심으로 하고 싶은 것이 무엇인지 끊임없이 묻고 있던 시기였다.

몇 가지 시도를 해보았고 그중 가장 하고 싶다는 마음이 크게 들어서 이직을 했다. 직장을 그만두고 이직을 하려면 대전으로 이사를 해야 했다. 처음에는 직장을 다니면서 주말에만 행사 진행을 하는 방법 등 여러 가지 방안을 생각 했었다. 여러 가지를 생각하며 고민만 계속 하다가는 시간만 흘러 갈 것 같았다. 이직하기로 마음먹은 이상 저질러야 일이 진행 되는 상황이기도 했다. 여러 가지로 불투명한 상황이었지만 일단 대전에 가서 앞으로 살게 될 집을 먼저 계약을 해버렸다.

그렇게 하지 않으면 시간만 질질 끌다가 원래

직장을 계속 다니게 될 것 같았다. 결단을 내리지 않으면 새로운 역사는 시작 되지 않겠다는 생각이 들었다.

때로는 너무 많은 고민과 생각보다는 결심이 섰으면 저지르는 방법이 일을 빠르게 진행되게도 한다. 여러 가지를 계산하며 머뭇거리면 시간만 가다가 흐지부지 하게 될 수도 있다.

그렇게 집 계약을 해 버리니 나머지 일들은 일사천리로 해결이 되었다. 그렇게 퇴사 절차를 밟고 회사를 나오며 사람들에게 안부 인사를 했다. 평소 나를 좋게 봐주셨던 관리자 분이 "1년 안에 영진이 네가 다시 거제도로 돌아오지 않으면 내 손에 장을 지진다."라고 말씀 하셨다. 내심 서운하고 섭섭했지만 평소 나를 많이 생각해 주신 분이셨기에 그분의 마음도 이해가 되었다. 결과적으로 보면 그분의 말이 나에게는 약이 되었다. 다시 직장으로 돌아가지 않기 위해서라도 노력했다.

가끔 그 당시에 이직을 할지말지 계속 고민만 하다가 새로운 도전을 하지 않았다면 어떻게 되었을까 하는 생각을 해본다. 도전해보지 않은 아쉬움 때문에 아마 지금도 후회하고 있을 것이다.

시도해보지 않고 후회하는 것보다 실패하고 다시 회사로 돌아가더라도 도전해보는 것도 큰 의미가 있다고 본다. 그때 내가 행사 전문 사회자가 되겠다고 했을 때 걱정하고 만류했던 친구들이 있었다. 내가 학창시절 말을 더듬었고 낯가리고 내성적인 나의 성향을 알기에 친구들이 걱정할 만도 했다. 하지만 나는 학창시절의 모습과는 다른 사람이었다.

어렸을 때부터 나를 알았던 사람에게 네가 어떻게 행사 사회자가 되었냐는 말을 들을 때가 있다. 그런 말을 들으면 과연 내가 어떤 사람일까? 하는 생각이 들 때가 있다.

"낯가리고 내성적이었던 내가 무대에 서는 일을 하고 있다. 그럼 본질적인 나의 성향이 바뀐 것일까?"

이런 궁금증을 가지고 있었는데 우연히 신문에 나온 기사를 보고 조금이나마 나 자신이 이해가 되었다. 내가 본 신문 내용은 이렇다. 내성적인 사람 중에도 여러 유형이 있다는 것이다. 비슷한 내성적인 성향이라도 대담한 사람과 내성적이지만 소심한 사람이 있다. 모든 내성적인 사람이 이 유형에 해당되는지는 잘 모르겠지만 나는 내성적이지만 대담한 편에 속한다. 내가 꼭 하고 싶은 것이 있으면 중요하고 꼭 알아야하는 사항을 체크한 후 가능한 바로 저지르는 편이다.

중요한 점은 사전에 중요한 사항이나 주의할 점 등을 꼼꼼히 알아본다는 점이다. 검토하고 조사하는 기간 동안에는 꼼꼼하고 정확하게 알아본다. 그리고 너무 오랜 시간 할지 안할지 여부를 고민하지 않는다. 꼼꼼히 알아본 후 장고하지 않고 가능한 바로 시작을 한다.

그렇게 시작한 후 일을 진행하면서 계속 할지 멈출지 여부를 판단한다. 모든 일은 아무리 사전에 준비하고 예측한다고 해도 막상 일을 시작했을 때 어떻게 될지는 그 일을 해보기 전에는 누구도 알 수 없다. 또 아무리 철저하게 준비한다고 해도 일을 진행 하다보면 예상 못한 변수가 튀어 나온다. 그렇기 때문에 변수를 예측할 시간에 진심으로 이 일을 하고 싶은 것이 맞는지 나 스스로에게 여러 번 물어본다. Yes라는 답이 나오면 시작한다. 시작하기 전의 막연한 두려움 때문에 자신이 진정으로 하고 싶은 일을 시작하지 못하는 우를 범하지 않길 바란다.

두 번째로 20대에 잘한 일은 1년 동안 365권의 책을 읽은 것이다.

단순하게 계산하면 매일 1권씩 책을 읽은 셈이 된다. 물론 일정이 바쁜 날은 좀 적게 읽고 일정이 없는 날에는 많이 읽는 방식으로 했다. 그렇게 2011년 11월부터 2012년 10월까지 1년 동안 365권의 책을 읽었다.

한 권 읽을 때마다 마음에 새기고 싶은 말이나 느낌을 노트에 따로 적었다. 이때 독서를 하며 책이 나와 잘 맞고 인생에 큰 도움이 된다는 것을 알게 되었다. 책은 직접 만나기 어려운 인생 선배들의 지혜와 철학을 배울 수 있어서 평생 놓지 못할 것이다. 내가 보낸 20대에서 가장 좋았던 시기를 꼽는다면 바로 이 시기이다. 사람이 살면서 1년 동안 시간을 내서 책을 마음껏 볼 수 있는 사람이 과연 몇 명이나 될까? 생각보다 많은 용기가 필요하다. 너무나 즐겁고 좋은 시간이었다. 몸으로 체험하며 배우는 것이 있고 독서하고 사색하며 배우는 것이 있다. 둘 사이는 다른 듯하지만 통하는 것이 많다.

1년 동안 책을 보는 나에게 '미친놈'이라고 말하는 사람도 있었다. 하지만 그런 말에 전혀 흔들리지 않았다. 그런 사람은 그냥 자신의 눈에 보이는 것만 보고 이야기 한 것이다. 내가 왜 책을 보고, 책을 통해서 무엇을 얻고 싶은지 알지 못했고 알려고도 하지 않았다. 왜냐하면 그들은 내가 이 시간이 얼마나 즐겁고 행복한지 알지 못하기 때문이다. 그래서 나는 계속 책을 봤다. 난 그러한 과정이 꼭 필요했고, 다른 사람의 시선이나 말은 하나도 중요하지 않았다. 그런 사람이 내 삶을 대신 살아주지 않는다는 것을 알았다.

　난 내가 원하는 방법을 통해 성장하고 싶었고, 내 삶의 지도를 나 스스로의 힘으로 그리고 싶었다. 새로운 도전을 한다고 하면 주변에서 새로운 것을 시작하기에는 늦었다, 넌 안돼, 하지마라고 말하며 말리는 경우가 있다. 특히 안정적이라고 불리는 직장에 다니는 경우에는 많은 사람이 뜯어 말린다. 그러나 과연 평생 안정적이라는 것이 있을까?

　남들이 말하는 안정적인 직장을 그만두고 남들의 시선으로 보기에는 생소한 나만의 도전을 했다. 그렇게 남이 어떻게 보든 상관하지 않고 진심으로 하고 싶은 도전을 했다. 물론 그 도전이 모두 옳았거나 잘 된 것은 아니었다. 하지만 누군가 너무 늦었다, 넌 안돼, 하지마 라는 말이 꼭 맞지 않을 수도 있다는 것을 남이 아닌 나 스스로에게 증명해 보이고 싶었다. 문학계의 거목이신 박완서 선생님도 40세에 등단했었다. 무엇을 시작하기에 결코 늦은때는 없다고 생각한다.

책을 읽는 여러분도 나이나 경력에 얽매이기보다 자신이 진심으로 하고 싶고, 밤에 잠이 안 올 정도로 매력을 느끼는 그 일에 열정을 쏟는다면 분명 스스로 할 수 있다는 것을 증명해 낼 수 있다고 본다.

어떤 일을 하던 세월은 간다. 이왕이면 자신이 원하고 하고 싶은 일을 찾아 했으면 좋겠다.

●●●
내 삶의
터닝
포인트

보통 20살이 되면 미성년자로 살았던 세계와는 전혀 다른 세계를 접하게 되면서 여러 가지 이유들로 방황을 하는 경우가 있다. 당연한 말이겠지만 사람은 그런 힘든 상황일 때 선택을 잘 해야 한다. 힘든 상황에서 나쁜 유혹을 뿌리치는 것은 쉽지 않다. 힘들 때 건강한 생각을 유지하는 것 또한 쉽지 않다. 힘든 상황에서는 잘못된 선택을 한다거나 자신의 중심을 잃을 수 있다. 살면서 힘든 시간이 없으면 좋겠지만 현실적으로 그런 경우는 없을 것이다.

그래서 힘든 시간을 만났을 때를 긍정적인 시각으로 생각해 보면 자신의 중심을 다시 한 번 상기 해보고 더욱 단단해지는 시기라고 생각해 보는 것도 나쁘지 않다. 위기가 곧 기회가 될 수 있다는 말이 있듯이 비록 힘들고 어려운 상황이라도 그 상황을 자신이 어떻게 받아들이고 대처하느냐에 따라 미래가 달라질 수 있다.

그리고 어떤 일을 경험하든 쓸모없는 경험은 없다. 일을 하는 당시에는 당장 얻는 것이 없어 보여도 나중에 시간이 지나서 직, 간접적으로 도움이 되는 경우를 많이 본다. 삶의 터닝 포인트가 있었던 사람도 있고, 누군가는 앞으로 찾아올 것이다.

앞으로도 터닝 포인트가 또 있겠지만 현재까지를 돌아보면 나에게도 터닝 포인트가 있었다. 그런데 터닝 포인트는 잘 나갈 때나 좋은 시절보다는 힘들고 무언가 돌파구가 필요하고, 어려울 때 만나는 경우가 많은 것 같다.

나의 터닝 포인트는 20대 중반에 직장생활 할 때였다. 그때 일을 하면서 한 가지를 확실히 알게 된 것이 있다. 나에게 더 잘 맞는 옷이 있고 상대적으로 맞지 않는 옷이 있듯이 일도 잘 어울리는 옷을 입은 것처럼 나와 잘 맞는 일이 있고, 어딘가 어색하고 안 어울리는 일이 있다는 것이다.

직장에서 일할 때 용접 일을 했는데 보는 것보다 결코 쉬운 일이 아니었다. 오히려 많이 어렵고 나에게는 안 맞은 옷을 입은 것처럼 버거운 일이었다. 숙련공 선배들을 보면서 그렇게 되기까지 많은 땀과 눈물을 흘려야 한다는 사실을 알게 되었다. 20대 중반 회사에 다닐 때가 육체적 피로보다 정신적으로 힘든 시간이었다.

그러다 보니 미래를 어떻게 살아야할지 새벽까지 고민하는 날이 많아져 갔다. 그렇게 거의 매일 기약 없이 고민하고 생각했던 시간들이 괴롭기도 하고 힘들었지만 결과적으로는 나에게 좀 더 잘 맞는 일은 무엇이고, 내가 어떤 것을 진정으로 하고 싶은지를 알게 되는 시간이었다. 그렇게 여러 가지를 알아보고 시도도 했다.

그런 시도 끝에 찾은 것이 앞서 말한 적이 있는 행사 전문 사회자다. 거제도는 즐기고 구경할 것이 많아 사람들이 즐겨 찾는 관광지다. 그곳을

2년 넘게 살았지만 제대로 관광을 해본 적이 없었다. 이제는 거제도 여행을 언제든 갈 수 있게 되었지만 당시 앞날을 치열하게 고민하고 여러 시도를 해봤기 때문에 아쉬움만 남지는 않는다. 몸도 마음도 힘든 때였지만 거제도에서 보낸 시간은 역설적이게도 내게 큰 전환점이 된 값진 시간이었다.

...
나는
고졸
이다

나의 최종 학력은 고졸이다. 난 나의 학력이 창피하지 않다. 그렇다고 자랑할 것도 아니라고 생각한다. 학력은 학력 그 자체이기 때문이다. 어느 대학 출신이라는 소위 간판을 따기 위해서 대학 진학을 하고 싶지는 않았다. 지금도 그 생각은 유효하다. 자신만의 명확한 생각이 있어서 대학을 가는 것이 아니라 주변에서 대학을 가기 때문에 휩쓸려서 결정하는 것을 경계해야 한다.

현재까지 내 생각은 이렇지만 향후에 깊이 있게 공부해 보고 싶은 분야가 생긴다면 갈 수도 있을 것이다. 지극히 개인적인 생각이지만 모든 사람이 대학을 나와야 한다고 생각하지 않는다.

다만 자신이 어떤 분야에 소신을 가지고 심도 깊게 공부를 하고 싶어서 대학과 대학원에 진학하는 것은 매우 좋다고 생각한다. 언젠가 대학 입학정원보다 학령인구(수능을 보는 학생 수)가 적다는 뉴스를 본 적이 있다.

이러한 현상이 지속될 가능성이 높다보니 경쟁력이 약한 학과나 학교는 없어지게 될 수 있다는 내용이었다. 아직까지 마치 학력이 한 개인의 전부인 것처럼 여기는 곳이 존재하긴 하지만 그래도 이전보다 바뀌어 가고 있어서 점점 학력의 중요성을 덜 반영하는 분위기로 흘러가고 있는 것 같다.

그리고 이런 현상은 점점 더 확산 될 것이라고 본다. 그래서 대학이나 대학원을 나왔어도 자신의 부족함을 채우기 위해 끊임없이 배우고 발전하려는 자세가 더욱 필요해졌다.

공부는 정규교육을 받는 시기가 끝났다고 해서 멈추면 안 된다. 정규교육이 끝났어도 자신에게 맞는 방법으로 평생 학습을 해야 한다. 더 이상 학교에서 배운 것만 가지고 평생 먹고 살기에는 세상이 너무 빠르게 변하고 있다. 학교에서 배운 것을 바탕으로 개인이 꾸준히 학습해야 하는 이유인 것이다.

평생학습 방법에는 여러 가지가 있겠지만 활자로 된 책, 신문, 잡지, 전문서적 등을 보는 것을 추천한다. 스마트폰처럼 화면으로 보면 상대적으로 휘발성이 강해서 활자로 된 것을 보는 것이 기억에도 더 오래 남는다고 한다. 책과 신문은 시간 투입 대비 얻는 것이 많아서 유용하다.

그리고 무엇보다 사람에게서 많이 배울 수 있다. '세 사람이 길을 걸으면, 반드시 그 안에 내 스승이 있다'는 말처럼 사람에게서 배울 때가 많다.

현대그룹의 창업주인 故정주영 회장의 자서전 〈이 땅에 태어나서〉를 읽은 적이 있다. 어린 시절부터 회사를 창업하고 일구는 과정을 보면서 귀감이 되는 내용이 많았다.

정주영 회장은 소학교 졸업이 최종학력이다. 하지만 근면 성실함과 기발한 발상으로 사람들이 어렵다고 생각했던 일들을 해냈다. 학교에서 배운 방식이 아닌 자신만의 창의적이고 유연한 사고방식으로 불가능해 보였던 조선소를 건설했고 일명 정주영 공법으로 불리는 서산 천수만 간척지 사업 등은 지금도 많은 사람들에게 회자되고 있다.

학교에서도 배울 것이 많지만, 살아가는데 도움이 되는 것은 학교 밖 세상에서 배울 때가 더 많다. 세상이 지금처럼 빠르게 변할수록 학교 밖 세상에서 배우는 것은 더욱 많아질 수밖에 없다.

작년에 KBS에서 방영한 '대화의 희열'이라는 프로그램을 본 적이 있다. 게스트로 기업인이자 요리연구가인 백종원 씨가 나와서 유심히 봤다. 평소 그 분의 생각과 철학이 궁금했었기 때문이다. 방송에 나온 여러 좋은 이야기 중에 기억에 남는 말이 있었다. 바로 고등학교를 졸업한 친구들이 바로 대학에 가는 것이 아니라 몇 년 동안 사회생활을 해보거나 자신이 해보고 싶은 일을 해보고 난 후에 대학에 진학해도 괜찮은 사회 문화가 되었으면 좋겠다는 말이었다.

그의 이야기를 들은 독일에서 온 한 출연자가 FSJ(Freiwilligen sozialen Jahr)라는 제도가 독일에 있다고 소개했다. 이 FSJ는 고등학교를 졸업

하고 바로 대학에 진학하는 것이 아니라 자발적 자원 봉사의 한 해를 갖는 것이라고 한다. 보통 국내외에서 다양한 봉사 활동을 한다고 한다. 방송을 보고 더 자세한 정보를 알기 위해 찾아봤는데 참 좋은 제도라는 생각이 들었다.

자신이 무엇을 좋아하고 관심이 있는지 스스로에게 질문도 해보고, 자신이 해보고 싶은 것이 있다면 그 일이 실제 현장에서는 어떤 메커니즘으로 돌아가는지 등을 경험해 보면 많은 도움이 될 것이다. 혹시 내 책을 보는 사람 중에 대학 진학을 앞두고 있는 사람이 있다면 한 번쯤 이 점을 생각해 보았으면 한다.

보통 고등학교 졸업 후 바로 대학에 진학한다. 반면에 스스로 1년의 시간을 두고 자신이 해보고 싶은 일이나 경험을 해보는 것도 좋다. 자신이 해보고 싶었던 일을 직접해보면 생각했던 것보다 자신의 적성에 더 맞고 오랫동안 하고 싶은 생각이 들 수도 있다. 반대로 직접 경험해 보니 생각했던 것보다 적성에 맞지 않고 향후에도 계속해서 하고 싶지 않다는 결론을 낼 수도 있다. 그래서 직접 경험해 보기 전에는 알 수 없다.

만약 자신이 하고 싶었던 일을 하게 되었는데 적성에도 맞고 계속해서 하고 싶다는 생각이 들 수 있다. 그러면 일을 계속하다가 더 배우기 위해서 대학에 가고 싶다면 그때 가도 절대 늦지 않다. 오히려 그 길이 길게 보면 지름길일 수도 있다. 현재 내가 하고 있는 일이 행사 진행이다 보니 일할 때 대학생들과 만나서 이야기를 나눌 때가 있다. 그런 경우 나는 물어보는 것이 있다.

자신이 현재 다니는 학교와 학과에 대해 입학하기 전에 얼마나 알아보고 들어왔나? 그리고 지금 다니는 학교와 학과에 대해 어느 정도 만족하는가? 현재 다니고 있는 학교, 학과를 선택하는 데 있어 본인의 의지가 얼마나 반영 됐나? 등등의 질문을 한다. 내가 만나 본 대학생들의 경우에는 지금 다니고 있는 학교와 학과에 충분히 만족하고 있다는 사람도 있었다.

하지만 구체적으로 어떤 공부를 하고 어떤 학과인지 제대로 모르고 왔고, 막상 다녀보니 예상했던 것보다 많이 달라서 앞으로 계속 다녀야 할지 아니면 다른 선택을 해야 할지 고민이라고 말하는 학생이 생각보다 많았다. 그리고 이유도 다양했다. 대학을 진학할지 여부는 온전히 개인의 자유다. 대학을 가야 한다 또는 가지 않아도 된다고 이분법적으로만 이야기를 하고 싶지 않다. 생각보다 선택지는 더 많다는 이야기를 하고 싶다.

많은 사람을 따라 자신도 대학진학을 했다며 대학에 다닌 시간이 낭비였다고 판단되지 않길 바란다. 그리고 대학을 나와서 취업이나 창업을 했을 때 대학에서 배운 지식과 경험이 많은 도움이 되길 바라는 마음에서 신중히 생각을 해볼 필요가 있다.

교육부와 한국교육개발원 자료를 보면 2017년 대학진학률은 69.9%였다. 2009년에는 대학진학률이 77.8%였다. 10명 중 7~8명이 대학에 진학한다는 이야기다. 대학 진학률은 높은 반면 취업하기에는 결코 만만치 않다. 전문가들은 경기 탓도 있지만 대졸자를 너무 많이 배출하는 우리나라 교육 구조도 문제라고 말한다.

다행이라고 생각되는 것은 요즘은 자신에 대해 깊게 생각해 본 후 진학 진학이 불필요하다고 생각되면 자발적으로 진학하지 않는 사람도 꽤 있다. 대학에 진학하는 경우라도 자신이 진짜 하고 싶은 것을 충분히 알아본 후에 관련된 학과를 가려는 경향이 생긴 것 같다.

그리고 단순히 성적에 맞춰서 대학에 갔더라도 다녀보면서 본인이 아니라고 생각되면 과감하게 정리하고 자신의 적성을 찾으러 가는 경우도 많아졌다.

예를 들어 의대나 약대 등 소위 전문적이고 안정적이라고 하는 학과에 진학했어도 자신의 적성에 맞지 않다고 판단되면 그만 두고 자신이 원하는 방향으로 가는 경우도 있다. 이런 현상이 Z세대의 특성과 무관하지 않다고 본다. Z세대는 자기 성장을 중시하고 타인의 시선이나 사회 통념에 비교적 덜 연연해한다.

앞으로 졸업장을 받기 위한 대학 진학보다는 자신이 가고 싶은 학교와 학과를 충분히 알아본 후에 대학에 진학 하는 문화와 자신의 적성을 충분히 생각해 보고 대학 진학을 할지 여부를 결정하는 분위기가 더 확산 되었으면 한다.

•••
나의
영웅
아버지

여러분에게 있어 가족은 어떤 의미인가? 나에게 가족은 애틋함과 아련함이라고 할 수 있다. 간혹 가족들이 가까이 있고, 오랫동안 함께 하다보니 익숙해서 그 소중함을 잊어버리는 경우가 있다. 특히 부모님은 자식을 위해 희생하고 많은 것을 주는 존재이기 때문에 받는 자식의 입장에서는 얼마나 감사하고 위대한 존재인지 미처 생각하지 못하는 경우가 있다.

그동안 행사 전문 사회자로 활동하며 다양한 행사에서 사회를 봤다. 여러 분야의 행사 중에서도 결혼식 사회를 볼 때가 가장 감정이입이 많이 된다. 결혼식 진행할 때, 신랑과 신부가 양가 부모님께 감사의 인사를 드리는 순서가 있다. 낳아주시고 성인이 될 때까지 사랑으로 보살펴 주셔서 오늘 결혼까지 잘 할 수 있게 되어 감사드린다는 의미로 양가 부모님께 예를 갖춰 인사를 드리는 순서이다. 양가 부모님께 인사드리는 순서를 진행할 때 가장 많이 하는 멘트가 있다.

"부모님께서는 '영웅'이십니다. 자식을 위해서라면 무엇이든 해주신 슈퍼맨, 슈퍼우먼이십니다. 자식을 위해 모든 것을 내어주시고 기꺼이 희생 하시며 키워주신 영웅이십니다. 신랑, 신부가 위대한 영웅이신 부모님께 존경의 마음을 담아 인사를 드리도록 하겠습니다. 신랑, 신부 부모님께 인사."

이렇게 멘트를 한다.

이 멘트는 나의 아버지께 느끼는 감정을 바탕으로 준비한 것이다. 내게 있어 아버지는 이 세상에서 가장 위대한 영웅이시다. 어렸을 때 나의 눈에 보인 아버지는 모든 것을 하실 수 있는 슈퍼맨처럼 보였다. 그리고 가족을 위해 슈퍼맨이 되어 주셨다. 그래서 세상에 많은 영웅들이 있지만 아버지를 가장 존경한다.

고향집에 가면 평소 무뚝뚝하신 아버지께서 해주시는 말씀이 재밌다. 지난 설 연휴에도 저녁을 먹고 따뜻한 이불 속에 들어가서 아버지께서 그동안 살아오시며 경험하신 여러 이야기를 해주셨다. 아버지께서 어렸을 때 먹을 것이 없어서 많이 굶으셨던 이야기, 어쩌다 쌀이 생기면 돈으로 바꿔서 읍내에 있는 극장으로 영화를 보러 가셨던 이야기, 젊으셨을 때 영등포역 주변에서 과일 행상을 하셨던 일 등등 그날도 그렇게 새벽까지 아버지의 이야기를 들었다.

사실 아버지께서 해주시는 말씀은 매번 같은 내용이다. 그럼에도 아버지께서 경험하셨던 일들을 들을 때마다 재밌고 감정이입이 된다. 내게 꿈이 있듯이 아버지의 꿈이 궁금해서 젊으셨을 때 아버지의 꿈을 여쭤보았다. 아버지께서는 어렸을 때 어쩌다 돈이 좀 생기면 읍내에 있는 극장에 영화를 보러 가셨다고 하시며 그 때 보신 영화배우들을 생각하며 배우가 되고 싶으셨다고 하셨다. 지금은 연세가 있으시지만 젊으셨을 때

사진을 보면 미남이셨다. 아버지의 꿈 이야기를 들으며 그동안은 내 꿈만 생각하며 살았는데 그때서야 아버지의 꿈을 처음 알게 되었다.

하지만 당시 아버지께서 배우가 되기 위해 도전하기에는 현실적으로 하루하루 먹고사는 문제를 해결하는 것이 우선이었다. 그래서 여러 일을 하셨고 결혼 하시고 가족을 위해 오직 일만 하셨다.

나도 어느덧 그러한 아버지의 희생과 사랑을 알 나이가 되었다. 그래서 아버지를 뵐 때 마다 꼭 안아 드리고 온다. 그리고 전화를 드리다 마음에서 우러날 때면 아버지 사랑해요라고 말씀을 드린다. 아버지께서는 이런 표현이 익숙하지 않으셔서 그러신지 아무런 대답을 못 하신다. 그래도 아버지께서 나를 사랑하시는 마음은 잘 알고 있다. 내가 아버지께 사랑한다고 말하고 안아 드리는 이유는 나중에 후회하고 싶지 않아서이다.

물론 아주 먼 훗날이 되겠지만 아버지께서 돌아가신 후에는 얼굴을 뵙고 사랑한다고 할 수도 없고 안아 드릴수도 없다는 것을 알기 때문이다. 그때 가서 생전에 한번이라도 안아 드릴 걸, 쑥스럽지만 사랑한다고 말씀드려볼 걸 하는 후회를 하고 싶지는 않다. 어색하고 쉽게 안 될 때도 있지만 할 수 있을 때 많이 하려고 한다.

고향에 가면 마을 어른들이 아버지처럼만 살면 성공한 것이라고 말씀해 주신다. 내가 초등학교 4학년 때 어머니께서 오실 때까지 홀로 아들 둘을 키우셨다. 30대 중반인 지금 내 나이에 아버지께서 아들 둘을 혼자 키우셨다고 생각하면 당시에는 어려서 잘 몰랐는데 존경스럽고 감사할 따름이다.

가끔 홀로 아들 둘을 키우기 위해 고군분투하셨던 아버지의 모습을 떠올리면 콧등이 시큰해진다. 아버지께서 지나오신 그 많은 세월의 무게를 생각하면 그런 마음이 든다. 자식은 부모의 뒷모습을 보고 자란다는 말이 있다. 아버지께서는 긍정적이고 올바르게 살아가는 뒷모습을 내게 많이 보여주셨다.

그런 아버지는 내게 영웅이시고 별(Star)이시다.

• • •

가끔
하늘에 계신 엄마와
통화를 한다

여러분은 힘들 때 어떻게 하는가?

예전에 나는 힘든 원인을 외부에서 찾으려고 했었던 것 같다. 나를 힘들게 하는 사람 때문이라고 생각하며 이유를 밖에서 찾으려고 했다. 또 왜 나에게 이런 힘든 일이 생길까 한탄하며 나 이외의 것들을 원망도 했었다.

나의 선택이 잘못 된 것 같다며 후회하고 술도 마시고 소리를 질러 보기도 했었다. 그렇게 힘든 이유를 외부에서 찾고 외부로 자꾸 돌리면 내 책임으로 돌려도 되지 않아서 잠깐은 마음이 좀 풀리는 것도 같았다.

그런데 그렇게 하면 풀리는 건 그때뿐이었다. 나는 전혀 바뀌지 않고 나 이외의 외부 상황 탓을 하다 보니 좋아지기는커녕 힘든 상황이 지속되거나 더 악화될 뿐이었다.

그러다 어느 순간 나에게 닥친 힘든 일의 원인을 외부에서 찾고, 다른 사람 탓을 하며 시간을 보내면 과연 나아질까? 다시 힘들 때 같은 방식으로 대처하면 내게 무엇이 남을까? 하는 생각이 들었다. 그런 생각 끝에 힘든 시기를 어떻게 보내는지에 따라 이후에 모습이 달라진다고 생각하게 되었다. 힘든 시간을 겪을 때는 죽을 것 같다. 그리고 주변에서 하는 말이 안 들린다.

그 시기를 현명하게 이겨내면 자신을 좀 더 잘알게 된다. 그리고 자기 내면이 단단해 지면서 힘이 생긴다. 그래서 힘든 일이 생겼을 때 외부에서 원인을 찾으려고 하기 보다는 먼저 자신을 돌아볼 필요가 있다. 힘든 일의 모든 원인이 자신에게 있다는 의미가 아니다. 자신을 돌아보면서 지금의 힘듦이 외부적인 요인 때문인지 아니면 자신의 내부적인 요인 때문인지 현명하게 판단 해보는 시간을 가질 필요가 있다는 의미이다.

이렇게 찬찬히 생각해 보면 나의 경우에는 대부분 문제의 원인이 나로부터 시작된다는 것을 알게 되었다.

그래서 자기 안에 답이 있다는 말이 공감이 간다. 그러는 과정을 거치다 나만의 방법을 하나 알게 되었다. 살면서 힘든 상황을 만나면 내가 가장 편안한 곳으로 간다. 내게 편안한 곳은 자연이다. 자연에 있을 때 내 마음이 가장 평온해지기 때문에 자연에서 나를 한번 천천히 돌아본다. 그렇게 자연에서 산책하고, 멍 때리기도 하다보면 어느 순간 내 안에 약간의 힘이 생긴다. 그럼 그 약간의 힘을 가지고 다시 조금씩 움직여 본다.

때론 너무 힘들 때가 있다. 모든 것이 싫게 느껴지는 때도 있다. 그러면 휴대폰을 꺼내 하늘에 계신 엄마에게 전화를 한다. 엄마는 내가 3살 때 돌아가셨기 때문에 실제로 엄마와 전화 통화를 할 순 없다. 그렇지만 휴대폰을 들고 마치 엄마와 실제로 통화를 한다고 생각하고 엄마에게 이런 저런 말을 한다. 그렇게 한참 엄마에게 내 마음 안에 있는 이야기를 하고 나면 마음이 한결 편안해진다. 부모님, 친한 친구 등 자신 주변에 신뢰하고 믿는 사람에게 속마음을 터놓는 것과 비슷하다.

예전에는 힘든 일이 있어서 하늘에 계신 엄마에게 전화를 했을 때에는 나에게 힘든 일 말고 좋은 일이 많이 일어날 수 있도록 하늘에서 엄마가 도와 달라는 말을 많이 했었다. 가령 내가 어렸을 때부터 엄마가 곁에 없어서 나에게 많이 못해 줬으니 이제는 하늘에서 도와 달라는 식이었다.

그런 식으로 하늘에 계신 엄마에게 나를 위해 무언가 해달라고 부탁만 했었는데 이제는 엄마에게 하는 말도 많이 바뀌었다. 비록 엄마를 만날 수는 없지만 나에게 좋은 일이 있을 때든 힘든 일이 있을 때든 그냥 내 마음 곁에 엄마가 계속 계셔 주시기만 하면 좋겠다고 말을 한다. 그리고 이제는 엄마에게 무언가를 바라는 마음은 없다. 엄마가 내 마음 안에 지금처럼 계속 계시기만 하면 좋겠다. 그것만으로도 충분히 감사하고 큰 위안이 된다.

문정희 시인의 '찬밥'이라는 시에는 신(神)대

신 엄마를 보냈다는 내용이 나온다.

내게 있어 엄마는 신과 같은 존재이다.

그런 엄마에게 더 이상 바라는 것이 없다보니 그저 엄마가 감사할 따름이다. 이제는 힘든 일이 있어도 엄마가 곁에 계시다는 생각에 예전보다는 덜 힘들게 느껴진다. 지금 이 순간 힘든 시간을 보내고 있다면 내가 사랑하는 엄마와 통화를 하듯이 자신이 사랑하는 사람에게 연락을 한번 해보는 건 어떨까? 무척 반가워하며 따뜻하게 받아 줄 것이다.

• • •

80살 넘어서도
현역으로
일하고 싶다

젊었을 때 최소한의 돈만 지출하고 수입의 대부분을 저축해서 50대 이전에 은퇴하는 삶을 꿈꾸는 사람들이 우리나라에도 등장했다고 한다.

이러한 생활양식은 10여 년 전 미국에서 고소득층 젊은 세대를 중심으로 유행한 파이어(FIRE: Financial Independence, Retire Early)족의 영향으로 최근 국내의 일부 젊은 층에서도 파이어족이 등장하고 있다는 것이다.

사람 일은 한치 앞을 알 수가 없다. 파이어족이 되어 빠른 은퇴를 위해 나름 만만의 준비를 했다고 해도 살아가다 보면 여러 변수가 생긴다. 그 중의 하나가 우리 사회가 몇 년 안으로 초고령화 사회에 진입할 것으로 예상되면서 개인의 수명이 늘어나는 것이다. 수명이 80세가 아니라 100세까지 살게 될 수도 있기 때문에 그만큼 노후자금을 준비하는 것이 말처럼 쉽지만은 않을 것이다.

개인적인 생각으로 파이어족이 우리 사회에서 일반화되기에는 어렵다고 본다. 그리고 무엇보다 빠른 은퇴를 했다고 해서 꼭 좋은 것은 아니라고 생각한다.

일단 빠른 은퇴를 하기 위해서는 일정 기간을 여러 불편함을 감수해야 한다. 그 기간에 또 예상 못한 일이 생길 수 있다. 그래서 빠른 은퇴라는 말에 연연해서 살기 보다는 일과 취미 등 자신이 좋아하고 하고 싶은 일을 하며 사는 것이 좋다고 본다.

나의 목표 중 하나는 글쓰기, 강연, 다른 하고 싶은 일을 하며 80살이 넘어도 현역으로 활동하는 것이다. 80살이 넘어서까지 일을 한다면 안 좋다고 생각할 수도 있다. 하지만 하고 싶은 일을 하며 현역으로 활동 할 수 있다면 그것은 복(福)이라고 생각한다. 왜냐하면 일단 80살 넘어서도 일을 하려면 건강해야 한다.

건강하지 못하면 어떤 것도 할 수가 없다. 20대 때 7년 정도 담배를 피웠다. 처음에는 호기심과 어른처럼 보이고 싶은 마음에 흡연을 했었다. 흡연을 한다고 해서 어른처럼 보이는 것이 아닌데 지금 생각하면 참 어리석었다는 생각이 든다. 평소처럼 밥을 먹고 담배를 피우다 내가 담배 하나 못 끊으면서 무엇을 할 수 있을까? 하는 생각이 문득 들었다. 물론 그런 생각이 무의식중에 오랜 시간 있었을 것이다. 금연을 통해 나의 의지와 인내심을 시험해보고 싶었던 것 같다.

바로 주머니에 있던 담배와 라이터를 쓰레기통에 버렸다. 그리고 그날부터 금연을 했다. 막상 금연을 하면 처음 며칠 동안은 담배 생각이 많이 난다. 특히, 밥 먹고 난 직후에는 습관적으로 피우던 버릇 때문에 담배 생각이 더 난다. 식사 후 뿐만 아니라 여러 번 유혹이 있었지만 그래도 피우지 않았다. 금연하고 처음에는 잘 못 느꼈는데 시간이 지날수록 몸이 건강해 진다는 사람들의 말에 동감하게 되었다. 흡연할 때는 가끔 머리가 띵할 때가 있다. 그리고 아침에 일어나면 몸이 무겁게 느껴지고 머리도 맑지 않다.

하지만 금연하고 시간이 지날수록 머리도 맑고 몸도 가벼워지는 느낌을 받았다. 결국 금연한 그날 이후 지금까지 10년 동안 담배를 안 피고 있다. 이제는 담배 생각이 전혀 나지 않는다. 평생 현역으로 일하고 싶은 나에게 금연은 정말 잘한 일이라고 생각한다. 그리고 운동을 하며 건강관리도 하고 있다.

나는 내가 하고 싶은 활동들을 하면서 세월을 자연스럽게 받아들이고 싶다. 사람마다 멋지게 나이 들어가는 기준은 다를 수 있다. 멋지게 나이 들어간다는 말의 의미를 외적인 모습을 더 많이 생각했던 적이 있었다.

백발에 배가 나오지 않고 패셔너블(fashionable)한 모습을 상상 했었다. 요즘도 진짜 멋지게 나이 드는 것은 어떤 것일까 하는 생각을 한다. 현재까지 내린 결론은 외모적인 아우라는 눈으로 보기에 좋을 순 있지만 덜 중요하다는 것이다. 그보다 중요한 것은 나이 들수록 어떤 마음과 자세로 사는가, 라고 생각한다.

세월이 흐를수록 새로운 도전을 한다는 것이 마음처럼 쉽지 않을 수도 있을 것이다. 나이가 들어감에 따라 호기심도 줄어들고, 기운도 예전 같지 않게 된다. 그럼에도 나는 하고 싶은 것을 외면하기보다는 시도하고 도전하며 나이 들고 싶다. 그래야 세월이 흘러 뒤를 돌아 봤을 때 나 자신에게 미련이 덜 남을 것 같기 때문이다.

내가 작년에 시작한 도전 중에 가장 잘한 것은 '글쓰기'를 시작한 것이다. 참 신기한 것이 글쓰기를 시작하기 전에는 과연 내가 쓴 글이 누군가의 선택을 받을 수 있을까? 내 글을 읽고 괜찮다고 하는 사람이 있을까? 하는 생각이 많았다. 하지만 막상 글을 써서 여러 곳에 보냈더니 감사하게도 채택이 되었다. 처음에는 작은 시작부터 하게 되며 새로운 분야에 도전하게 된 것이다.

어떤 일이든 시작하기 전에는 과연 내가 잘 할 수 있을까? 고민도 되지만 막상 시작하면 생각보다 순조롭게 진행되는 경우가 많다.

요즘 나의 심장을 가장 뛰게 하는 단어는 '도전'이다. 도전한다고 해서 무조건 좋은 결과가 나와야 한다고 생각하지 않는다. 다만 새로운 도전을 하며 내 삶이 한 발짝씩 앞으로 나아간다는 사실이 큰 의미가 있는 것이다.

2020년 올해의 여러 도전 중 하나가 바로 '책 출간'이었다. 감사하게도 출판사 대표님을 비롯해서 많은 분들이 도움을 주셔서 책을 낼 수 있게 되었다. 앞으로도 내 심장을 뛰게 하는 도전을 하며 할아버지가 되어서도 현역에서 활동하고 싶다.

•••

꿈
너머
꿈

　20대 때 꿈이 강사였다. 그것도 강연료를 많이 받는 유명한 강사가 되는 것이었다. 유명한 강사가 되어서 돈도 많이 벌고 많은 사람들이 찾아줬으면 좋겠다고 생각했다. 그래서 세계적인 강사인 브라이언 트레이시의 사진을 책상 앞에 붙여 놓기도 했었다. 그 사진을 매일 보면서 유명한 강사가 되겠다고 혼자 다짐하곤 했었다.

　하지만 모든 세상일이 내 마음대로 되지 않듯이 나의 그런 목표는 생각대로 흘러가지 않았다. 꿈이 큰 만큼 현실의 벽에 부딪혀 점점 이룰 수 없을 것만 같다는 생각에 좌절을 했다. 그러던 어느 날 아침편지 문화재단의 고도원 이사장의 책을 보게 되었다.

책을 보다가 '꿈 너머 꿈'이라는 말을 처음 알게 되었다. 꿈 너머 꿈은 자신의 꿈을 이루고 나서 무엇을 할 것인가?에 관한 이야기다. 일단 꼭 거창하거나 남들에게 보여줬을 때 그럴듯한 것만이 꿈은 아니다.

남들이 어떻게 생각하든 관계없이 자신이 진심으로 이루고 싶은 것이라면 그 크기는 중요하지 않다. 만약 어떤 꿈이든 자신의 꿈을 이뤘다면 그 다음을 생각해 봐야 한다. 꿈 너머 꿈을 생각하지 않고 자신의 꿈만을 향해 달려가서 결국 이루었다.

근데 꿈을 이루고 나면 자칫 허탈하고 허무할 수도 있다. 자신의 꿈만 바라보고 달려서 막상 꿈을 이루었는데 다음에 무엇을 해야 할지 몰라서 그렇게 될 수도 있는 것이다. 그럴 때 필요한 것이 바로 꿈 너머 꿈이다. 꿈 너머 꿈은 자신만을 위한 목표가 아닌 좀 더 이타적인 요소들이 있으면 좋을 것이다.

현재 여전히 나의 꿈은 강연을 하는 강사이다. 예전과 달라진 점은 꿈과 꿈 너머 꿈을 함께 생각하며 가고 있다는 것이다. 유명해져서 강연료를 많이 받고 많이 찾아주는 강사가 되면 더 좋겠지만 이제는 꼭 그렇게 되지 않아도 괜찮다. 대신 오랫동안 무대에서 강연하는 강사는 되고 싶다. 왜냐하면 무대에 섰을 때가 가장 나다운 순간이고 나다운 모습이기 때문이다. 그렇게 내가 사랑하는 일을 오랫동안 하고 싶다.

그리고 나의 꿈 너머 꿈은 장학 사업을 하는 것이다. 장학 사업을 하고 싶은 이유는 어려운 상황에 있는 학생들에게 도움을 주고 싶어서이다. 장학 사업의 크기 보다는 내가 어렸을 때 받은 도움을 필요한 학생들에게 나눠주고 싶다. 나는 당신이 꿈이 있고 그 꿈을 놓지 않고 살았으면 좋겠다. 그리고 꿈 너머 꿈도 함께 있는 사람이라면 더 좋겠다.

• • •

행사 전문
사회자로 활동하며
배운 것들

   한 분야에서 30년, 40년 동안 일한 대가(大家)들이 이런 말을 할 때가 있다.

   "이 일은 하면 할수록 어렵다. 일의 끝이 없는 것 같다."

   처음 이 말을 들었을 때는 몇 십 년 동안 한 분야에서 일을 했는데 왜 시간이 지날수록 어렵다는 말을 하는지 잘 이해가 되지 않았다. 오랜 세월 자기 분야에서 일하면 업(業)의 특성들을 속속들이 다 알게 되어서 큰 힘들이지 않고도 손쉽게 할 수 있을 것 같다는 생각이 들었기 때문이다.

일가(一家)를 이루며 몇 십년동안 자신의 분야에서 대가(大家)가 되신 분들에 비하면 부족하지만 나는 올해로 행사 전문 사회자로 활동한지 10년이 되었다. 사회자 활동을 10년 하면 모든 행사를 손쉽게 할 수 있을 줄 알았는데 요즘도 무대에 서서 마이크를 잡는 것이 어려울 때가 있다. 또 겸손한 마음으로 일한다고 했지만 행사 사회자로 일을 시작한지 몇 년 안됐을 때는 뭔가 우쭐할 때도 있었고, 시답잖게 목에 힘이 들어간 적도 있었다. 근데 그런 마음가짐으로 행사를 진행하면 무대에서 실수를 하곤 했다.

요즘 대가들이 자신의 일을 하면 할수록 어렵다는 말을 조금씩 이해가 되고 있다. 무대 위에서 하는 말 한마디의 무게가 얼마나 무거운지도 이젠 조금 알 것 같다.

자신의 삶을 걸고 수십 년 동안 치열하게 도전하고 실패도 하고 다시 도전해서 대가가 된 분들을 만날 때면 숙연한 마음이 든다. 그런 숙연한 마음을 알게 된 요즘에야 행사를 마치고 돌아오면 조용히 앉아 노트에 행사 하며 느낀 점을 기록한다. 오늘 행사 진행하면서 잘한 것은 무엇인지, 또 무엇이 부족했고 앞으로 더 나은 모습을 위해 채워야 할 점은 무엇인지 등을 적는 것이다. 그 어떤 행사도 소중하지 않은 무대는 없다. 다만 그 행사가 소중하지 않다고 생각하는 사회자가 있을 뿐이다. 그래서 아무리 여건이 힘든 무대라도, 아무리 작은 행사라도 진심을 담아서 하려고 한다.

지금까지 행사를 진행하면서 느낀 점과 기억에 남는 장면이 있다.

1. 말이 사람을 죽이기도 하고 살리기도 한다.

법정 스님이 쓰신 〈살아있는 것은 다 행복하라〉는 책을 가까이 두고 이따금씩 펼쳐본다.

스님의 책 내용 중에 침묵의 중요성과 말의 가치를 피력한 내용이 있다. 그 부분을 보면서 말을 하는 것보다 어려운 것이 말을 해야 할 때와 아껴야 할 때를 구분할 줄 아는 것이라는 생각이 들었다.

고대 사회에서는 칼로 사람을 죽였고, 총이 발명된 이후에는 총으로 사람을 죽였다. 하지만 현대 사회는 총과 칼보다 말로 사람을 죽이기도 하고 살리기도 하는 시대인 것 같다. 그래서 말이 총과 칼보다 더 무서운지도 모르겠다.

나는 비교적 일찍 말의 무서움을 알았다. 그래서 말을 조심하려고 나름의 노력을 해왔다. 특히, 주변 사람에 대해 이야기 할 때는 감정을 앞세워 말하기보다는 충분히 생각하고 이야기를 하려고 노력한다. 누군가 내게 살면서 반드시 필요한 것이 무엇이냐고 묻는다면 침묵이라고 말할 것이다.

침묵은 말을 하지 않는 것이 아니다. 말을 해야 할 때와 입을 닫아야 할 때를 아는 것이 침묵이라고 생각한다. 특히, 다른 사람에 대해 이야기를 해야 할 때는 지나치다는 생각이 들 정도로 조심할 필요가 있다.

말은 말하는 사람 자신이다. 당신을 비추는 거울이다. 내가 타인에 대해 감정에 치우쳐 이야기하지 않고 조심하려고 해서 그런지 몰라도 말을 조심할 줄 아는 사람을 신뢰한다. 스피치 레슨 수업을 할 때 수강생 분들에게 강조하는 점이 있다. 바로 자신이 내뱉은 말이 곧 그 사람이고 인격이다.

스피치가 말 잘하는 방법, 다른 사람을 설득해서 자신이 원하는 것을 얻는 요령 같은 것이 중요할 수도 있다. 하지만 화려한 기술이나 비법 이전에 반드시 갖추어야 할 점이 있다면 타인을 충분히 배려하며 말하고 있는가, 이다. 자기 말만 하기 바쁘다거나, 남의 말은 듣지 않고 자기 생각에 함몰돼서 본인이 하고 싶은 말만 하려고 하면 스피치를 배웠어도 소용없다. 진짜 말을 잘하는 사람은 화려한 언변, 특별한 비법 이전에 상대방이 느꼈을 때 자신을 배려하고 있구나, 또는 나의 말을 경청하며 들어주는구나 하는 느낌을 받게 하는 사람이라고 생각한다.

미사여구를 써가며 그럴듯한 유창한 말들은 덧없다. 그리고 경청한다며 상대의 말을 들으면서 그 내용을 자신의 기준으로 해석해서 받아들이면 진정한 경청이 될 수 없다. 말을 하는 사람 입장에서 들어야 제대로 이해할 수 있고, 경청이 되는 것이다. 목소리가 크고 말을 많이 한다고 해서 이기는 것은 아니다. 자신이 하는 말에 분별력이 있고 자신이 상처받지 않고 싶은 만큼 타인을 배려할 줄 알면 스피치를 배우지 않아도 된다. 침묵을 제대로 알고 있기 때문이다.

2. 행사 진행하며 만난 사람들

행사 사회자로 활동하면서 여러 행사에서 사회를 보았다. 그리고 그곳에서 다양한 사람들을 만났다. 나를 믿고 행사를 맡겨 주신 모든 분들이 감사하다. 그 중 기억에 남는 사람들이 있다. 2019년에 제주도의 한 웨딩홀에서 결혼식 사회를 봤었다. 결혼하는 신랑의 부모님께서는 외국에서 제조업을 경영하시는 분들이셨다. 주로 공업용 제품을 만들어서 한국에도 납품하는 사업을 하신다고 이야기를 들었다.

결혼식을 진행하는데 신랑은 외국에서 태어나고 자라서인지 우리말로 의사소통을 원활하게 하기에는 어려웠다. 대신 신부는 한국에서 오랫동안 살아서 의사소통 하는데 어려움이 없었다. 그래서 사전미팅 할 때부터 그 부분을 많이 신경 썼다. 그리고 결혼식 전까지 실수가 없도록 여러 번 체크했다. 무사히 결혼식이 마무리 되었고 신랑, 신부도 만족했다. 그래서 나도 기분 좋게 다음 일정을 위해 이동했다. 그렇게 그날 스케줄을 모두 마치고 쉬고 있는데 모르는 번호로 전화가 왔다. 오전에 결혼식 사회를 봤던 신랑 아버지께서 직접 전화를 주신 것이다. 보통의 경우 결혼식을 마치고 나면 신랑이나 신부가 감사의 연락을 주는 경우는 있다. 하지만 신랑 아버지께서 직접 전화를 주시는 경우는 거의 없기에 내심 놀랐다. 신랑의 아버님께서는 외국에서 오래 사셔서 우리말이 약간 서투셨지만 말씀을 충분히 이해할 수 있었다. 결혼식을 마치고 다음날 출국하기 전에 한번 만나고 싶다는 말씀을 주셨다. 신랑의 아버지를 결혼식 진행할 때 뵈었는데 한눈에 보기에도 온화한 분으로 느껴져서 만나러 가는 길이 불편하진 않았다.

약속 시간에 맞춰 말씀해주신 호텔로 갔다. 결혼식 때 입었던 복장이 아닌 평상복을 입은 모습을 보고 적잖이 놀랐다. 외국에서 제법 크게 사업을 한다고 들었는데 어디에서도 쉽게 볼 수 있을법한 친숙한 모습을 하고 계셨다. 숙소도 고급 호텔이 아닌 시설이 그리 좋지 않은 호텔에서 묵고 계셨다. 그리고 다른 가족 분들도 함께 만났는데 모두 소탈한 복장을 입고 계셨다.

여러 대접을 잘 해주셨는데 그 분께 가장 감동 받은 건 손수 써 주신 편지였다. 자식뻘쯤 되는 나에게 굉장히 사려 깊게 대해 주셨고, 편지도 존중의 마음이 느껴지는 내용이었다. 사회적 지위도 있으시고 춘추도 많으신데 가족들에게 다정한 모습, 남에게 겸손하신 모습도 인상 깊었다.

누군가의 결혼식 사회를 본 것은 단순히 한 번의 행사를 마친 것이 아니다. 한 번의 행사 이상의 가치 있는 활동이었다는 생각이 들면서 다시 한 번 내 일에 자긍심을 가지게 되었다. 그리고 이야기를 나누고 호텔을 나오면서 나도 신랑 아버지처럼 멋지게 나이 들고 싶다는 생각을 했다.

EBS방송 프로그램 중에 '글로벌 아빠 찾아 삼만 리'라는 프로그램이 있다. 이 프로그램은 현재 대한민국에 살고 있는 외국인 100만 명 시대를 넘어 '외국인 근로자 100만 명' 시대를 눈앞에 두고 있는 상황에서 가족들을 부양하기 위해 한국에서 일하고 있는 외국인 근로자와 그 가족이 만날 수 있도록 도와주는 프로그램이다.

작년에 프로그램 관계자에게 연락이 왔다. 스리랑카에서 일하기 위해 제주도에 살고 있는 수랑가라는 분이 있는데 제주도에서 가족과 만나는 과정을 촬영을 할 예정인데 사회자가 필요하다는 섭외 문의였다. 설명을 듣고 취지가 좋다는 생각이 들어서 바로 하겠다고 했다.

두 딸과 아내는 스리랑카에 있고 수랑가 씨는 제주도에서 일하고 있는 상황이었다. 프로그램은 수랑가 씨의 가족이 제주도에 오는 것을 사전에 알리지 않고 서프라이즈 형식으로 만날 수 있도록 하는 방식이다. 그래서 제주도 테디베어 박물관에서 내가 이벤트를 진행하는 사회자로 출연했다. 박물관에 수랑가 씨가 먼저 도착했고 관광 오신 시민 분들과 함께 즐거운 게임을 하며 자연스러운 분위기를 조성해 나갔다. 그리곤 인형 탈을 쓴 수랑가 씨의 아내와 함께 커플게임을 하게 유도했다. 수랑가 씨는 전혀 예상을 못하고 있었고 나는 두 사람이 더 집중할 수 있도록 게임을 진행했다. 그리고 자연스럽게 인형 탈을 쓰고 있던 수랑가 씨의 아내가 탈을 벗게 되었다.

순간 잠깐의 정적이 흘렀고 이내 두 사람은 눈물을 흘리며 안아 주었다. 다음으로 수랑가 씨가 이 모든 상황을 바라보고 있던 딸을 불렀다. 그렇게 만난 수랑가 씨의 가족은 뜨거운 눈물을 흘렸다. 이 모습을 지켜보던 많은 시민 분들 뿐만 아니라 나도 눈물이 났다. 경제적인 상황 때문에 가족이 함께 있지 못하는 마음이 어떤지 알기에 눈물이 났다.

촬영을 마치고 수랑가 씨 가족이 이동하기 위해 서로 안으며 손을 잡는 뒷모습은 여운이 오래 남았다. 한국에 와서 가족을 위해 일하는 수랑가 씨와 가족이 함께 만나는 현장에 같이 있어서 내게도 의미 있는 추억이었다.

●●●

나를 무시하고
업신여겼던 사람들이
고맙다

　자신이 먼저 잘못하지 않았는데 타인에게 무
시당해본 적이 있을 것이다. 다른 사람이 자신을
무시하고 업신여기는 행동을 했을 때 참기란 쉽
지 않다. 나도 무시하거나 업신여기는 사람을 만
났을 때 참기가 어렵다. 하물며 성인군자가 아니
고서야 그런 상황을 참기는 쉽지 않다.

　그런데 어느 날 내가 발전하는 것의 일정 부분
은 나를 무시했던 사람들 덕분(?)일 수도 있겠다
는 생각이 들었다.

　10년 전 행사 진행을 처음 시작 할 때 업계의

생리를 잘 몰라서 실수를 한 적이 있었다. 가령 참석자들의 호칭을 잘못 부른다든지 상황에 안 맞는 진행을 했었다. 그렇게 행사 진행을 잘못하게 해서 안 좋은 피드백을 받으면 유쾌할 리가 없다. 그런 상황에서 집에 오면 많은 생각이 든다. 만약 다음에 이번과 비슷한 일이 발생하게 되었을 때는 어떻게 해야 할지, 또 앞으로 비슷한 일이 발생하지 않게 하려면 무엇을 준비해야 하는지 등을 생각해보는 것이다. 그렇게 준비해야 하는 것들을 잘 챙기고 큰 실수 없이 매끄럽게 진행하는 사람들을 보면서 많이 배웠다. 그리고 앞으로 발전하기 위해서 무엇을 준비해야 될지 생각하고 하나씩 행사를 진행할 때 시도해보았다.

그러는 과정에서 많이 배우고 성장하게 되는 것 같다. 겸손함 없이 스스로 매우 잘하고 있다고만 생각 하거나 듣기 좋은 피드백만 받아들이려고 하고, 개선해야 될 부분을 받아들이지 않으면 당장은 기분이 상하는 일이 없을지 몰라도 장기적으로 보면 발전이 더딘 정도가 아니라 퇴보할 것이다. 그래서 일적인 것으로 누군가 나를 얕잡아 보고 무시했을 때 불쾌하지만 그 사람의 말 중에서 나에게 도움이 되는 것은 없는지 찾기 위해 냉정함을 잃지 않으려고 한다.

그렇게 말하는 당신은 얼마나 잘났어? 너는 얼마나 잘 하는데 나를 무시해? 이런 마음이 들 때도 있다. 그래도 최대한 객관적으로 그 사람의 말 중에 나에게 도움이 되는 것을 발견하려고 노력한다. 나를 무시했던 사람은 모르겠지만 그도 나의 스승이라고 생각한다. 상대방이 하는 말들 속에서 자신에게 도움이 되는 점을 찾는다면 장기적으로 봤을 때 그 말을 한 사람은 나를 도와준 것이다.

사람은 칭찬을 듣고 싶고 잘한다는 말을 많이 듣고 싶지만 귀에 거슬리는 의견이라도 그중에 도움이 되는 말을 잘 골라내는 지혜가 필요하다. 듣기 좋은 이야기만이 발전하는 연료가 되는 것은 아니다. 자신이 어떻게 생각하고 결정하느냐에 따라 상대의 무시나 괄시도 본인이 발전하는 데 충분히 좋은 연료가 될 수 있다. 자신에게 도움이 되는 방향으로 생각을 바꾸면 성장 하는데 도움이 되는 것들이 많다고 생각한다.

가능성이 없어 보인다는 이유로 오디션에 몇십 번 떨어지던 가수 지망생이 사람들의 무시와 편견을 이겨내고 결국에는 멋진 가수가 된 사례를 보면 안 좋은 피드백도 자신이 어떻게 해석하고 도움이 될 수 있게 하느냐에 따라 결과도 충분히 달라질 수 있다고 본다. 다만 조심해야 할 것은 본인은 타인을 쉽게 무시하거나 편견을 가지고 성급하게 판단하는 사람이 되지 않아야 한다는 것이다.

예전에 어떤 드라마에서 이런 장면이 있었다.

'가장 큰 복수는 상대보다 더 나은 사람이 되는 것이다.'

나는 그 장면을 굉장히 멋지다고 생각했다. 그래서 나는 더 이상 누군가에게 복수하지 않는다. 상대를 용서했다는 것이 아니라, 나를 위해서이다.

똑같이 복수하면 그 사람과 별 차이 없는 사람인 것이다. 그리고 복수를 해야겠다는 마음을 가지고 살면 그 감정이 자신에게도 결코 좋은 영향을 주지 않는다. 똑같이 복수하기 위해 미워하고 좋지 않은 감정을 가지고 살기에는 우리의 삶은 많이 소중하다. 말처럼 쉽지 않지만 무시당하고 업신여김 당했다면 그것을 나의 성장에 도움이 되는 연료로 만들 줄 아는 진짜 멋진 사람이 되었으면 한다. 그리고 멋진 모습을 보여줌으로써 복수하면 진정한 승리자가 되는 것이다.

가장 통쾌한 복수는 자신을 무시했던 사람들보다 잘 사는 것이고 더 괜찮은 사람이 되는 것이다. 그래서 나는 지금까지 나를 무시했던 사람들 모두가 고맙다.

•••

몸이 유연해야 하듯
생각도
유연해야 한다

몇 년 전 허리 디스크 수술을 받았다. 수술을 받고 재활을 하면서 허리가 많이 좋아졌지만 여전히 몸이 많이 뻣뻣하고 경직되어 있으니 요가나 필라테스를 해보라는 권유를 받았다. 그래서 운동 겸 재활이라고 생각하고 무리하지 않는 선에서 요가와 필라테스를 다녔다.

운동을 다니면서 요가와 필라테스를 하는 사람이 많다는 것을 처음 알게 되었다. 특히, 남자들도 많이 다니는 것을 보고 놀랐다. 남자들이 많이 하는 이유를 요가 선생님께 여쭤보니 대체로 남자가 여자보다 몸이 더 경직되어 있고, 덜 유연해서 남자들에게도 무척 좋은 운동이라는 것을 알게 되었다. 직접 해보니 요가를 하기 이전보다 몸이 더 유연해 진 것을 느꼈다. 그렇게 요가를 하다가 문득 그런 생각이 들었다. 우리 몸도 뻣뻣하거나 경직되어 있지 않고 유연한 것이 좋은 것처럼 생각도 경직되어 있지 않고 유연해야 한다는 것이다.

스트레칭, 요가, 필라테스 등을 열심히 해서 몸을 유연하게 하는 것에 관심을 기울이는 만큼 자신의 생각을 유연하게 하는 것에도 많은 관심을 가질 필요가 있다. 세상이 나와 타인의 다름을 인정하고 이해하려는 마음도 많이 말라가고 있다는 느낌을 받을 때가 많다. 상대방의 생각이나 의견을 들으면 나와 달라도 그 사람 입장에서는 그럴 수도 있겠다, 하는 마음이 어렵지만 필요하다. 상대의 이야기를 경청해서 들어보면 그 사람의 입장에서는 나름의 이유가 있고 사연이 있을 수 있다.

그리고 세상에는 다양한 모습과 사고방식을 가지고 사는 사람들이 존재한다. 우리 주변 가까이에서 이런 다양한 모습을 볼 수 있는 곳이 바로 헬스장이다. 일단 복장부터가 다양하다. 어떤 사람은 딱 봐도 운동하기 편한 옷을 입고 온다. 반면에 일을 마치고 바로 와서인지 작업복을 입고 오는 사람, 잠에서 깬지 얼마 안 된 듯한 모습으로 오는 사람 등 참으로 다양하다. 운동 방식은 또 얼마나 다양한가? 전문 트레이너에게 제대로 배운 듯한 정확한 자세와 호흡으로 운동하는 사람, 헬스에 대한 사전지식 없이 운동하는 사람, 운동보다 대화하고 사람들과 어울리기 위해 온 것 같은 사람 등 정말 다양하다. 또, 다이어트나 멋진 몸을 만들기 위해서 운동하는 사람, 수술이나 사고 후 재활을 목적으로 운동하는 사람 등 자신만의 이유를 가지고 운동하러 온다.

그리고 가끔은 좀 재밌는 사람도 볼 수 있다. 언젠가 운동을 하는데 헬스장 구석에 있는 스트레칭용 매트 위에서 수건을 깔고 108배 절을 하는 사람을 본 적이 있다. 주변 사람들을 크게 의식하지 않고 그 분은 진지하게 하고 있었다. 또 어떤 사람은 상대방이 먼저 부탁하지도 않았는데 헬스장 안에 있는 사람들의 운동하는 자세를 올바르게 잡아주고 있었다.

동네의 작은 헬스장에서도 이처럼 다양한 성향과 주관을 가진 사람들을 어렵지 않게 볼 수 있는데 하물며 우리 사회에는 얼마나 다양한 성향의 사람들이 존재할까? 누군가를 만났을 때 그럴 수도 있겠구나, 그 사람 입장에서는 그렇게 생각할 수도 있겠구나 하는 생각이 필요하다. 이런 자세는 상대방을 위한 것이기도 하지만 자신을 위해서도 필요하다.

운동을 통해 몸이 유연해야 좋듯이 세상을 폭넓게 볼 줄 아는 유연한 생각이 필요하다.

•••

다른 사람에게
좋은 마음으로 대해주면
모두 나에게도 잘해줄 줄로만 알았다

난 사람을 잘 믿는 편이다. 상대방의 말이 합리적이라고 생각되면 곧잘 수긍하고 따르는 편이기도 하다. 그래서 그런지 몰라도 내가 사람들에게 좋은 마음으로 대하면 모두 호의를 가지고 똑같이 잘해 줄 것이라고 생각했다.

그런데 그것은 착각이었고, 나의 일방적인 기대 심리인 것 같다. 먼저 타인에게 잘하고 예의 있게 했을 때 상대방도 잘하면 좋겠지만 현실적으로 항상 그렇게 되기는 힘들다. 자신이 좋은 마음으로 잘한다고 해서 반드시 상대방도 똑같이 잘해야 한다는 건 욕심이라고 생각한다. 그래서 그러한 착각에서 **빠져** 나와야 한다는 것을 알게 되었다.

예의를 갖추고 호의로 대해도 모든 사람이 나의 의도를 알고 받아주고 똑같이 해줄 수는 없다. 호의가 계속 되면 권리인 줄 안다는 말이 있듯이 상대방 입장에서 보면 내가 자신에게 잘하는 것을 당연하게 생각하는 사람도 있을 수 있다. 반대로 누군가 나에게 잘해주면 상대방이 그렇게 하는 것이 당연하다고 받아들이는 경우도 있을 수 있다. 나는 잘해준 것이 없는데 상대방이 먼저 호의를 가지고 잘해주는 경우도 있다. 또 어떤 사람은 약간 깐깐하고 까칠하게 대해야 사람들이 본인에게 예의 있고 잘 대해 준다고 생각 할 수도 있다. 다만 다른 사람보다 항상 우위에 있으려고 한다거나 상대방을 만만하게 대하는 것은 좋은 방식은 아니다.

귀인은 생각지 못한 의외의 곳에서 만날 수도 있다.

Part 02

나답게 살기

···

남과 비교해라
그러나 무엇을 비교하는지가
중요하다

　사람은 태생적으로 다른 것과 자신을 비교하며 살아가는 존재이다. 그런데 사람들은 남과 비교하지 말라고 한다.

　이 말은 올바른 말이 아니다. 사람은 주변과 자신을 비교하면서 살아가는 존재인데 비교를 하지 말라는 것은 스스로 통제할 수 없는 본성을 막는 불가능에 가까운 요구다. 남과 비교하지 않고 사는 사람은 없다. 비교는 자연스러운 것이다. 아무리 남과 비교를 하지 않는 사람이라고 해도 정말 소소한 것 하나쯤은 무의적으로라도 비교해 본 적이 있을 것이다.

물론 사람에 따라 차이는 있어서 하루에 적게 하는 사람도 있을 것이고, 지나치다고 생각될 만큼 많이 하는 사람도 있을 것이다. 결국 정도와 빈도의 차이지 사람은 남과 비교하는 존재다. 자신과 타인을 지나치게 많이 비교하면 안 되겠지만 남과 비교한다는 것이 꼭 부정적인 측면만 있는 건 아니다.

중요한건 '무엇을 비교 하는가'이다. 비교한다는 말은 자신에게 부족하거나 없다고 생각하는 부분을 타인이 가지고 있는지 계속 탐색하는 행위라고 할 수 있다. 비교하는 대상이 돈과 물건이 될 수도 있고 성격이나 삶의 철학, 가치관 일 수도 있다. 이왕이면 비교하는 행위를 자신에게 도움이 되는 방향으로 활용할 필요가 있다. 그래서 비교를 외모, 학벌, 집안, 돈, 물건을 본인보다 더 좋은 것을 가지고 있는 사람과 계속 비교하다 보면 자신에게 결코 건강하지 않은 방향으로 흘러갈 수도 있다. 비교도 습관이여서 한 번 물꼬가 터지면 그 방향으로 흘러갈 가능성이 농후하다.

외모, 학벌, 집안, 돈, 물건 등을 편의상 표면적 가치라고 하겠다. 표면적 가치를 비교하는 것이 잘못 되거나 틀린 것은 아니다. 하지만 계속해서 누군가와 비교하다 보면 표면적 가치가 자신보다 더 좋은 사람은 이 세상에 너무나 많다. 우리는 비싼 자동차, 멋진 집, 화려해 보이는 학벌과 경력, 아름다운 외모에 눈이 더 가고 혹 하기 쉬운 존재이다. 그래서 자칫 열등감이 깊어질 수 있고 자괴감이 커질 수도 있다. 그로인해 시간과 감정, 에너지를 불필요하게 소모하게 될 수도 있다.

그래서 내가 제안하는 방법은 타인의 장점이나 성격, 가치관, 인생철학, 살아가는 자세(편의상 내면적 가치라고 하겠다) 등 내면적 가치라고 할 수 있는 것 중에 도움이 될 만한 것을 자기 것으로 만들기 위한 비교를 하는 것이다.

다시 말하면 비교하는 대상을 바꿔 보는 것이다. 표면적 가치에서 내면적 가치로 자신을 위해서 시선을 바꾸는 것이다. 그러기 위해선 우선 타인이 자신보다 나은 점이 있다면 인정할 줄 알아야 한다. 그리고 그 사람의 좋은 점을 습득해서 자신의 장점으로 만들어 가야 한다. 물론 짧은 기간에 모든 것을 받아들이고 바뀌기는 힘들다. 중요한 것은 그렇게 해야겠다는 생각의 전환과 조금씩 해나가는 노력이다. 그렇게 하나씩 자신을 채워 나간다는 마음으로 해나가다 보면 어느 순간 본인의 자존감도 올라가고 무엇을 비교하는 것이 자신에게 더 도움이 되는지 알게 된다.

물론 이렇게 하는 과정이 말처럼 쉽지 않다. 중도에 포기하게 되는 경우도 생길 수 있다. 그렇지만 분명한 것은 그런 과정을 해나가면 조금씩 성장한다. 그래서 힘들 때도 있겠지만 꾸준히 하다 보면 어느 순간 이전과 많이 달라진 자신의 모습을 볼 수 있을 것이다. 그리고 예전에 자신이 비교하고 부러워했던 사람이 여러분을 부러워하는 순간이 올 수도 있을 것이다. 그렇다면 당신은 무엇을 비교하며 사는 사람이 되고 싶은가?

...

생물학적 부모와
사회적
부모

세상에는 크게 두 부류의 부모가 있다고 생각한다.

먼저 생물학적 부모가 있다.

나를 낳아주셨고 키워주시고 건강한 성인이 될 수 있도록 지원해 주신 부모님을 말한다. 말 그대로 생물학적인 관계의 부모이다.

그리고 사회적 부모가 있다. 사회적 부모는 삶의 방향을 제시해 주기도 하고, 꿈을 심어주고 키워주며 그 꿈을 이루는데 필요한 구체적인 방법들을 제시하고 도와주는 존재들을 말한다. 예를 들면 인생의 스승, 책, 연인, 배우자, 일, 친구, 학교 등등 많은 것들이 해당된다.

사회적 부모의 공통점은 자신이 성장하고 발전할 수 있도록 도움을 준다는 점이다. 낳아주시고 길러주신 부모님이 자신의 꿈과 인생에 크고 작은 역할을 한다면 생물학적 부모와 사회적 부모가 일치하는 경우라고 할 수 있다. 나답게 살기 위해서는 사회적 부모가 많을수록 큰 도움이 된다.

인간은 불완전한 존재이기 때문에 혼자서 모든 것을 해나갈 수 없다. 그래서 주변에 건강한 사회적 부모가 많이 필요하다.

나무는 큰 나무 밑에서는 자랄 수 없다. 하지만 사람은 큰 사람 밑에서도 자랄 수 있다. 나무는 햇빛을 받으며 광합성을 해야 자랄 수 있는데 큰 나무 밑에 있으면 햇빛을 제대로 받기 어려워 크게 자랄 수 없다.

하지만 사람은 나무처럼 스스로 광합성을 할 수 없는 존재이다. 그래서 잘 자랄 수 있도록 햇빛이 되어주고 영양분이 되어줄 사회적 부모가 필요하다. 그 햇빛과 영양분이 사람이라고 한다면 꼭 성공하거나 잘난 사람이 아니어도 괜찮다.

건강한 철학과 좋은 성품을 갖춘 사람이라면 충분히 큰 사람이라고 할 수 있다.

내가 언급한 것 외에 자기 자신답게 살아가는 데 있어 좋은 도움이 되는 사회적 부모들이 있다면 무엇이든 좋다. 큰 사람으로 성장할 수 있도록 적극적으로 받아들여서 나답게 사는 사람이 되었으면 좋겠다.

● ● ●

남을 이기기 이전에
먼저
자신을 이기자

    어렸을 때 과학 잡지나 미래의 모습을 예측한
그림을 보면 2020~30년 정도에는 자동차가 하늘
을 날고, 사람이 타고 있지 않아도 자동차가 스스
로 움직이는 장면을 본 기억이 있다. 그때는 그런
일들이 우리의 일상이 아니라 상상에서나 가능할
것처럼 느껴졌었다. 그리고 2020년은 오지 않을
것 같은 먼 미래 같아 보였다. 그랬던 2020년이
되었다. 그리고 책에서나 봤던 일들이 실제로 현
실이 될 날이 멀지 않은 세상이 되었다.

    과학과 기술이 엄청난 속도로 발전하고 있어

서 앞으로 10년 후에는 우리 삶의 모습이 어떻게 바뀔지 정확히 예측하기도 힘들어 보인다. 정확히 예측하긴 어렵지만 현재 우리가 지극히 상식이라고 생각했던 많은 것들이 더 이상 상식이되지 않는 시대가 될 것이다.

현재만 해도 더 이상 인간끼리 하는 경쟁만 존재하지 않는다. AI를 비롯한 로봇과 인간의 무한경쟁도 준비를 해야 할 때이다. 전대미답의 다른차원의 경쟁이 펼쳐질 수도 있다는 의미이다.

이건 다른 사람의 일이 아니고 나와 여러분이직면한 현실이다. 그런 의미에서 주변의 사람과경쟁하고 이기는 것은 점점 의미가 없어 보인다.하지만 아직도 마치 상대를 이기지 못하면 자신이지는 것처럼 여겨지는 부분이 상당히 많이 있다.

나는 오랫동안 타인과의 경쟁에 관해서 생각을 해왔다. 그러다 몇 가지 의문이 생긴 것이 있다. 정말 누군가를 이겨야만 내가 살아남을 수있는 건가? 타인을 이기지 않고도 함께 잘 살 수있는 방법은 없는 것인가? 다른 사람들을 이기기 위한 경쟁을 하지 않으면서 온전히 나만의삶을 살 수 있는 방법은 없는 것인가? 이러한 생각이 들었다.

현대 사회에서 어느 분야건 경쟁이 매우 치열하다. 특히, 동종업계에 종사하는 사람들끼리는 냉혹할 정도로 경쟁이 치열하다. 승자 독식의 세상이니 어쩌면 당연한 현상일 수도 있을 것이다. 이러한 경쟁을 달리기에 비유해 보겠다.

보통 달리기는 출발한 순간 1등부터 꼴등까지 운명적으로 그 순위가 정해져 있다. 그래서 시작과 동시에 결승선에 가장 먼저 도착하기 위해 치열하게 경쟁하며 달린다. 그 결과로 1등이 가장 많은 영광과 부상을 받게 된다. 이런 방식의 달리기는 이제까지는 큰 무리 없이 통용되었다.

하지만 이제는 달리기 방식 자체가 바뀌어야 한다. 하나의 결승점을 향해 오로지 1등을 하기 위해 다수가 경쟁하는 방식이 아니라 달리는 선수 각자가 자신만의 결승점을 향해 달리는 것이다. 그래서 1등부터 꼴등까지 순위가 존재하는 것이 아니라 각자 자신의 트랙에서 달리기를 하는 것이다. 순위는 없다. 한명 한명이 각자 1등이다.

또 달리기의 방향도 정해진 코스만 있는 것이 아니라 360도 사방팔방으로 갈 수도 있다. 그러면 주변사람은 자신과 순위를 다투는 경쟁자이기보다는 각자 자신의 트랙을 완주할 수 있도록 서로 격려해 주는 동반자가 되는 것이다. 왜냐하면 각자의 결승선만 통과하면 되기 때문이다. 모든 사람이 각자 달리는 코스도 다르고 그 길이도 다르기 때문에 기록을 비교하는 것 자체가 의미가 없다. 마치 사람들이 살아온 인생을 일률적으로 수치화하기 힘든 것과 같은 것이다. 그래서 하나의 결승선을 향해 다수가 달리는 경쟁에서 이김으로써 NO.1이 되는 방식이 아니라 자신만의 분야에서 결승선에 통과하면 되는 Only.1이 되면 되는 것이다.

NO.1은 다른 사람들을 모두 이겨야만 될 수 있지만 Only.1은 중도에 포기 하지 않고 자신을 이기는 것이 무엇보다 중요하다.

예를 들면 현재 대한민국에 물의 맛과 냄새를 전문적으로 평가하고 판별하는 워터 소믈리에라는 직업이 있다. 워터 소믈리에는 와인 소믈리에에서 파생된 새로 생긴 직업이다. 뿐만 아니라 소비자의 취향에 따라 알맞은 쌀 품종을 추천해 주는 밥 소믈리에, 채소와 과일의 영양, 농산물

유통과 식생활의 역사 등을 공부하는 채소 소믈리에도 있다. 워터 소믈리에, 밥 소믈리에, 채소 소믈리에는 오래전부터 있던 직업이 아니라 21세기에 누군가 새로이 만든 직업이다. 만약 누군가 생선에 관해 관심이 있고 관련 공부를 해서 좋은 생선을 선별해서 추천해주는 일을 전문적으로 한다면 그 사람이 생선 소믈리에 1호가 되는 것이다. 그러면 생선을 취급하는 다른 사람들과 불필요한 경쟁을 할 필요가 없다. 생선을 취급하는 것은 같을지 몰라도 디테일하게 자신만의 전문성이 있기 때문에 불필요한 경쟁을 할 필요가 없이 자신이 Only.1이 되는 것이다.

그래서 Only.1이 되려면 무엇보다 자신과의 싸움에서 이기는 것이 중요하다. 개인적으로 이 점이 무척 중요하다고 생각한다. Only.1이 되기 위해서 무리하게 출혈경쟁을 할 필요도 없고, 남과 비교해서 자신이 부족하다고 좌절하지 않아도 괜찮다. 상대평가가 아닌 절대평가다. 측정하는 기준과 방식이 다르니 상대평가를 하기 어렵다. 그러면 남과 경쟁할 때 발생할 수 있는 리스크를 많이 줄이며 자신만의 영토를 넓혀 갈 수 있다.

현재 각축전 속에 살고 있다면 스스로 Only.1이 되겠다고 결심하고 남들이 무엇을 하는지 지켜보던 시선을 자신에게 집중하며 자신만의 영역을 만들어 가면 된다.

나의 경우를 예로 들어 보면 현재 하고 있는 일인 행사 전문 사회자라는 직업도 보는 관점에 따라 다른 사회자들과의 경쟁이라고 생각할 수도 있다. 그런데 그 시각으로만 바라보면 많은 사람들과 피곤하게 경쟁해야 한다. 그래서 나는 이렇게 생각하기로 했고 실행하고 있다. 같은 진행인 것 같아도 결혼식 진행, 국경일이나 기념일 등 정부나 지방기관 주관 행사, 제품 런칭 행사, 지역 축제, 레크리에이션, 비전선포식 등 깊게 들어가면 행사마다 스타일이 다르고 분야도 다양하다. 그래서 사용하는 단어나 표현이 달라진다. 그래서 여러 행사 분야 중에서 자신에게 더 잘 맞는 분야가 있다. 그리고 60세, 70세에도 행사 사회 일을 하기에는 현실적으로 쉽지 않다. 그래서 내가 좋아하는 일인 행사 사회 보는 것과 다른 형태의 일을 이종교배 해서 새로운 형태의 일을 만들어서 하고 있다.

걷기와 레크리에이션의 요소를 결합해서 나에게 잘 맞는 일을 하는 것이다. 회사나 단체(기관)에서 워크숍을 제주도로 오는 경우가 많다. 그 회사 직원 분들과 함께 걸으며 정해진 지점마다 팀끼리 게임이나 미션을 하는 프로그램을 진행하고 있다. 제주도가 걷기 좋은 곳이라는 인식이 있어서 제주도로 워크숍을 오면 보통 2~3시간 정도 걷는 경우가 많다. 단순히 걷기만 하는 것보다 같은 팀끼리 함께 게임과 미션을 하며 단합도 할 수 있고 좀 더 재밌는 걷기가 되는 것이다. 이러한 방식으로 일을 하면 다른 사회자 분들과 과도한 경쟁을 할 필요도 없다. 오히려 그분들과 서로 정보를 공유하며 배워서 나의 일에 적용할 점이 많다.

나만의 일을 만들어서 하기 때문에 경쟁은 그리 큰 의미가 없다. 누군가와 경쟁하기 위해 쏟는 시간과 에너지를 나를 신뢰해서 행사를 맡겨주신 고객을 위해서 쓰는 것이다.

누구를 이겨야겠다는 마음이 잘못된 것은 아니지만 그 이전에 자신이 조금씩 성장하기 위해 노력하는 것이 중요하다. 최종적으로 자신밖에 스스로를 감독할 사람이 없기 때문에 오늘은 슬쩍 넘어가도 괜찮겠지 했던 시간들이 모여 자신의 모습을 만든다. 누구에게나 똑같이 하루 24시간이 주어진다. 그 시간 속에서 스스로와 그리고 어제의 자신과 경쟁해서 이기면 그 하루는 승리한 것이다.

이런 경쟁이 다른 사람들과 경쟁하는 것보다 사실 더 힘들다. 그래서 결국은 자신과의 싸움인 것이다. 타인을 이기려하기 전에 먼저 자신과의 싸움에서 지지 않았으면 좋겠다.

●●●

중요한 것은
자기 자신답게
사는 것이다

　삶을 어떻게 살 것인지에 대해 계속 생각을 해
왔고 지금도 하고 있다.

　현재까지 내린 결론은 나는 나답게 살겠다는
것이다. 성공한 누구의 말처럼, 화려해 보이는
누군가를 뒤쫓으며 진짜 나를 모른 채 다른 사
람의 복제품처럼 살고 싶지 않다.

　나만의 생각, 소신, 색깔을 가진 다른 사람과
는 다른 '나'라는 존재로 계속해서 살고 싶다. 누
군가 정한 방식이 아닌 내가 추구하는 삶을 살
고 자유롭고 나 스스로에게 충족감이 있는 삶을

지향한다. 어떠한 형식이나 굴레에 얽매여서 나 스스로를 속박하고 싶지도 않다.

그리고 강한 사람이기보다는 단단한 사람이 되기로 결정했다. 강하면 부러지기 쉽다. 하지만 단단한 것은 강한 것과 달리 유연함이 내재되어 있다. 그래서 유연해야 할 때는 고무처럼 유연하되 소신과 동떨어진 것에는 쉽게 굽히지 않는 것이 단단함이다. 그리고 자신만의 색깔이 있는 것은 괜찮다. 하지만 그 색깔이 너무 진해서 자신과 타인에게 불편함을 주고 힘들게 한다면 그 색깔은 변색이 된 것이고, 색깔로써 의미는 퇴색한 것이다.

반대로 자신의 주장을 강하게 내세우지 않고 말도 많이 하지 않으면 자칫 색깔이 없어 보일 수도 있다. 엄연히 말하면 그것은 색깔이 없는 것이 아니다. 본인 스스로 한쪽에 치우치지 않고 최대한 중립적인 입장에서 모든 사항을 고려한 후 선택하고 행동 하려는 것일 수도 있다. 그것이 외부에서 볼 때는 분명한 색깔이 없어 보일 수도 있다.

그러나 어느 한쪽으로 완전히 치우치지 않는

중립도 자기 색깔을 가지고 있는 것이다. 한 가지 색깔로 자신을 표현 하는 것이 쉽지 중립적인 색깔로 그때마다 적절한 색깔을 써서 표현하는 것은 더 어려울 수 있다. 필요할 때마다 적절한 색깔을 가져다 그림을 그릴 수 있는 흰 도화지와 같은 사람이 되는 것은 더욱 자신을 잘 알아야 하고 많은 것들을 포용하고 담을 수 있는 그릇이 되어야 한다.

그래서 단단한 사람은 자기 자신을 사랑할 줄 아는 사람이고, 부화뇌동 하지 않는 뿌리 깊은 나무와 같은 존재인 것이다. 그렇게 자기 자신답게 살기로 결정하면 주변의 잘못된 유혹이나 불필요한 것들로부터 한결 자유로워질 수 있다. 그리고 자기 삶의 가이드라인을 확실히 가지고 있다면 주변에서 아무리 잘못된 유혹을 해도 뿌리칠 수 있는 힘이 생긴다. 그렇게 된다면 세월이 갈수록 더욱 단단한 자신이 만들어지고 그것들이 쌓여서 쉽게 무너지지 않고 자기다운 삶을 살 것이다.

이처럼 자기답게 산다는 것은 누군가 만들어주는 것은 아니다. 또 나이가 들어간다고 해서

저절로 생기는 것도 아니다. 어떤 방법이든 남에게 피해를 주지 않고 자신에게도 건강한 방식이라면 그것을 굳게 믿고 나답게 살겠다고 결정해야 한다. 그러면 그 순간부터 자신만의 단단함이 만들어지기 시작할 것이다.

...

나
다워지는
방법

    그렇다면 나답게 살아가기 위해서는 무엇을 어떻게 해야 할까?

    먼저 추천하는 방법은 남에게 보여주던 모습을 멈출 때도 필요 하다는 것이다. 그리고 있는 그대로의 자신과 만나는 시간을 가져야 한다. 우리는 수많은 사람들과 관계를 맺으며 살고 있기 때문에 어쩔 수 없이 역할에 맞는 모습을 보여줘야 할 때가 있다. 나를 포함한 모든 사람은 직장인이자 남편으로서 주어진 역할, 며느리이자 동시에 엄마로서 필요한 역할, 선배, 후배, 학생,

사장, 거래처 관계 등등 한 사람에게 주어진 여러 역할이 있다. 나부터도 부모님과 대화할 때, 친한 친구를 만났을 때, 행사 진행할 때 각각의 상황에 어울리는 말을 하고 행동을 한다.

각각의 역할에 맞게 행동을 하는 것이 자연스러운 것이다. 사람들과 좋은 관계를 유지할 수 있게 해줄 때도 있고, 자신에게 유익할 때도 있기 때문이다.

하지만 아무리 자신에게 도움이 된다고 해서 역할에 맞는 행동을 계속해서 하다보면 어느 순간 자기 본연의 모습을 잊어버리는 경우가 생길 수 있다. 역할에 맞는 행동을 오랜 시간 지속하다 보면 그로인해 과도한 스트레스, 우울증, 대인기피증, 불면증, 공황장애 등으로 몸과 마음이 힘들어 질 수도 있다. 그래서 역할에 맞게 했던 것에서 벗어나 편안한 자신의 모습과 만나는 시간을 가지며 자신에게 건강한 것을 주어야 한다.

좋은 방법 중 하나는 주어진 역할이 끝나면 그 역할에서 바로 빠져나오는 것이다. 마치 드라마를 찍을 때 감독이 컷이라고 외치면 배우가 자신이 했던 연기를 끝내고 역할에서 빠져나오는 것처럼 말이다. 그리고 자신에게 적절한 보상을 주거나 스스로 기분이 좋아지는 것을 하면 더욱 좋다.

말처럼 항상 이렇게 되는 것은 아닐 것이다. 그 역할이 계속해서 이어지는 상황들이 있을 수 있다. 그리고 역할에서 빠져 나온 후 원래의 자신과 마주하는 것이 어색할 수도 있다. 그렇지만 자신을 위해서 잠시라도 역할에서 빠져나와야 한다. 그리고 자신만을 위한 시간을 꾸준히 가져야 한다.

가끔 궁금한 것이 있어서 콜센터로 전화를 할 때가 있다. 언제부턴가 콜센터에 전화를 하면 '상담원도 누군가의 소중한 아들과 딸입니다. 폭언과 욕설은 하지 말아 주세요.'라는 안내 멘트가 나오기 시작했다. 예전에는 이런 멘트가 나오지 않았었다. 감정노동자들의 고충이 사회적으로 이슈가 되면서부터 생긴 것 같다. 이러한 현상은 매우 잘된 일이고 앞으로 감정노동자들을 위해 더 많은 것들이 나와야 한다.

이런 안내멘트가 생겼다는 것은 그만큼 감정노동자들의 정신적인 스트레스가 엄청나다는 방증일 것이다. 실제로 감정노동자들 중에 꽤 많은 사람들이 우울증, 무기력증 등 정신적으로 힘들어 한다는 것이 매스컴을 통해 알려졌다. 안전보건 공단에서 나온 감정노동자의 건강을 위한 안전가 이드를 보면 회사 차원에서 노력해야 할 점과 개 인 차원에서 노력할 점을 제시해 주고 있다.

안전가이드 내용 중에 개인 차원에서 제시된 사항을 보면 자기 자신을 위한 시간을 가지라는 내용이 눈에 띈다. 나도 TM업무를 해봤지만 안 전가이드 내용처럼 간단하지 만은 않은 경우가 많다. 실제 업무 현장에서는 욕설, 비방 등 수많 은 고충이 있다. 그래서 더욱 자신을 추스르고 안정을 찾을 수 있도록 충분한 시간과 휴식이 필요한 것이다.

그리고 나답게 살아가기 위한 두 번째 방법은 자신의 생각이 있어야 한다는 것이다. 여기서 말 하는 자신의 생각이란 본인이 편한 대로 생각하 고 해석하는 것을 의미하는 것이 아니다. 어떤 결정을 내리고 행동을 하기 전에 심사숙고 하고 주변의 조언도 듣되 최종결정을 할 때는 자신의 주관과 생각으로 판단해서 해야 한다는 의미이 다. 맹목적으로 다른 사람의 의견을 따라가지 않아야 한다.

예전에 용접을 할 때 느꼈던 일이다. 회사에 입사 후 연수원에서 한 달 동안 용접에 관한 이론을 배우고 기초실습을 한다. 그렇게 해서 연수원 수료할 때 대개 용접 자격증을 취득하고 현장으로 간다. 현장에서 일하면서 연수원에서 배운 용접 방식이 정석일 순 있지만, 실제 현장에서 가장 빠르고 효율적인 방법이거나 다양한 변수에 제대로 대처할 수 있는 방법인지는 잘 모르겠다는 생각이 들었다.

현장에서 10년, 20년씩 용접을 한 선배들의 용접 방식은 이론으로 배운 방식과는 다른 경우가 꽤 많았다. 연수원에서 배웠던 방식으로는 할 수 없을 것 같은 각도와 위치에서 자신만의 방식으로 용접을 하는 모습을 많이 봤다. 오랜 경험과 노하우로 자신만의 생각을 가지고 어렵고 힘든 용접 구간을 불량 없이 완벽하게 마무리 짓는 모습도 많이 봤다. 용접공의 숙련도를 나누는 기준은 대개 어렵고 힘든 작업을 불량 없이 얼마나 빠르고 완벽하게 하느냐에 따라 나뉜다.

그렇게 같은 용접 작업이라도 자신만의 방식

으로 일하는 모습들을 보면서 많이 배웠다. 그래서 작업 현장에서는 발주를 의뢰한 업체에서 제시한 기준에 벗어나지 않는 한 용접공의 작업 방식을 크게 터치 하지 않는 편이었다.

물론 그렇게 자신의 생각이 생길 때까지는 절대적인 물리적 시간이 필요하고 개인의 노력도 동반 되어야 한다. 나다워지기 위해서는 한 쪽으로 치우치지 않는 균형 잡힌 시각과 많은 노력을 바탕으로 한 확고한 자신만의 생각이 있어야 한다.

•••

화이부동
和而不同

화이부동(和而不同)은 공자가 지은 논어의 자로 편에 나오는 사자성어다. 타인을 포용하고 화합하기는 하지만 자기의 중심과 원칙에 어긋나는 것에는 동의하지 않고 무리를 짓지 않는다는 뜻이다.

내가 타인과 관계를 맺는데 있어 참고하는 원칙 중 하나이다. 처음 화이부동이라는 말을 알게 되었을 때는 현실 세계에서 이 말을 실천하는 것이 과연 얼마나 가능할까? 하는 의구심이 들기도 했었다. 화이부동하며 산다는 것은 시간이 흐르면 흐를수록 대단하다는 생각이 든다.

세상은 하루가 멀다 하고 빠르게 바뀌고 사람들의 니즈(needs) 또한 복잡하며 다양해지고 있다. 사람들 간의 관계도 갈수록 각자 자신의 이익과 편의성을 추구 하는 것에 집중하는 것 같다. 가족들의 결속력 또한 해가 갈수록 약해지고 있다. 직업 세계에서 개인도 과거의 방식만을 고집하면 자칫 도태될 수 있다. 이렇듯 사회 전반적으로 사람과의 유대 관계는 약해지고 개인화는 가속화 되고 있다. 이럴수록 인간관계를 맺는 데 있어서 자신에게 건강한 원칙과 방법이 필요하다고 생각한다. 지나치게 자기중심적으로만 관계를 맺으려 하거나 타인에게 너무 맞추려고 하는 것은 건강한 방식이 아니다.

그리고 사람 사이에 적당한 거리가 필요하다. 그 적당한 거리는 마치 학창시절 수학여행 갔을 때 했던 캠프파이어의 모닥불과의 거리와 비슷하다. 캠프파이어 하며 정신없이 놀다 보면 모닥불에 너무 가까이 가게 될 때가 있다. 그러면 뜨거워서 뒤로 물러나게 된다. 또 모닥불에 너무 멀어지면 쌀쌀함을 느끼고 모닥불에 가까이 가게 된다. 사람과의 관계도 모닥불과의 거리처럼 너무 뜨겁지도 쌀쌀하지도 않게 적당한 거리를 유지할 필요가 있다.

특히, 가깝고 친하다고 생각되는 사이일수록 적정한 거리가 필요하다. 친한 친구니까 이해해 주겠지, 가족이니 당연히 받아 주겠지 하는 마음에 편하게 생각해서 행동 하다 오히려 사이가 불편해지는 경우를 주변에서도 볼 수 있을 것이다.

그리고 남과 조금은 다르게 살아도 된다. 획일화된 교육이 좋지 않듯 지나치게 획일화되어 있는 사회는 건강하지 않다. 내가 생각할 때 남과 다르게 산다는 기준은 도덕적으로나 법률적으로 저촉되지 않는 선에서 남에게 피해를 주지 않는다면 자신이 원하는 것을 마음껏 해도 된다는 것이다. 내가 이 행동을 했을 때 남들이 어떻게 볼까? 남들과 좀 다르게 행동하면 이상하게 보지 않을까? 생각하며 남의 시선을 지나치게 의식할 필요가 없다.

사실 남들은 자기 삶 살기 바쁘기 때문에 나의 행동과 삶에 크게 관심이 없다. 타인과 비슷하게 사는 것과 화합하며 사는 것은 엄연히 다르다.

그저 사람들과 비슷하게 살면 마음이 좀 편할 수는 있어도 개인의 창의성과 발전에는 남과 좀 다르게 바라보고 사고하는 삶을 살아가는 것이 좋다. 내가 화이부동을 가슴에 지니고 살 듯 자신의 중심을 잘 잡아 줄 수 있는 좋은 글귀 하나 정도는 지니고 살았으면 한다.

누구든
얼마든지
성장하고 발전할 수 있다

자신의 한계는 오직 자신만이 결정짓는다. 그 어떤 사람도 당신의 한계를 결정하도록 허락하면 안 된다. 나는 누구든 진정성을 가지고 노력하면 무한히 성장하고 발전할 수 있다고 믿는다.

몇 년 전 도서관에서 읽을 만한 책을 찾다가 지금은 돌아가신 강영우 박사의 책을 본 적이 있다. 강영우 박사는 한국인 최초의 시각장애인 박사이자 한국계로는 미국 최고 공직인 백악관 국가장애위원회 정책차관보를 지냈다.

책을 다 읽고 이분에 대해 궁금해져서 좀 더

자세하게 찾아 봤었다. 이것저것 찾아보다가 다큐멘터리 등을 보게 되었고 삶이 참 감동적이라는 느낌을 받았다. 강영우 박사는 어렸을 때 부모님 모두 돌아가시고, 사고로 시각 장애인이 되셨다. 그로 인한 사회의 편견과 무시, 차별 등 수없이 많은 어려움 속에서도 포기하지 않는 삶을 살았다. 그 분의 삶을 모티브로 한 TV 드라마가 한국에서 방영되기도 했었다.

강영우 박사가 어린 시절을 보냈을 당시 시각 장애인으로 산다는 것은 이루 말로 다 할 수 없을 만큼 많은 고난이 있었을 것이다. 그분이 살면서 이룬 업적도 본받을 만하다. 무엇보다 그분의 집념, 긍정, 용기에 큰 동기부여가 되었던 기억이 난다.

세상이 아무리 불가능 하다고 해도 스스로 포기하지 않고 한발 한발 나아간다면 언젠가는 빛을 본다. 세상은 해내고 나면 인정해 주게 되어 있다. 그래서 현재 힘들고 막막해 보여도 절대로 스스로는 불가능하다고 단정하지 말아야 한다.

무엇보다 가장 중요한 것은 자신의 삶이다.

언젠가 신문을 보다가 인상 깊은 인터뷰를 본

적이 있다. 바로 미국 윌리엄메리대학교 교육심리학과의 김경희 교수 인터뷰였다.

'틀 밖에서 놀게 하라'는 책을 쓴 창의력 교육 분야에서 권위 있는 사람이다. 김경희 교수는 창의력은 곧 'Valuable(가치가 큰)'과 'Unique(독특한)'라고 말한다. 창의력은 가치가 있으면서도 색달라야 한다는 것이다. 가치가 있기 위해선 전문성을 쌓아야 하고 색다르게 만들려면 틀을 깨야 한다고 말한다.

또 단순히 시험 점수만 잘 받는 것보다 지역사회나 미래 문제를 해결하는데 초점을 맞출 필요가 있다고 말한다.

인터뷰 내용을 보면서 더 크게 성장하고 발전하려면 자신이 바라보던 세상보다 좀 더 거시적인 관점에서 세상을 바라볼 필요가 있다는 생각이 들었다. 자신이 얼마만큼 성장하고 발전할지는 아무도 모르기 때문에 세상이 얼마나 넓고 큰지 알 필요가 있다. 이제는 사회가 정해놓은 틀, 객관식 시험 문제처럼 정해진 정답을 찾는 문화에서 벗어나야 한다.

당신은 당신이 생각하는 것보다 훨씬 더 성장하

고 발전하는 삶을 살 수 있다. 그러니 누군가 정해 놓은 틀에 얽매이지 말고 그 틀을 깨부수고 나와서 더 넓은 세상에서 사는 사람이 되길 바란다.

• • •

공부는
평생
공부

　지금 시대는 학교에서 배운 지식만 가지고 평
생을 살아가기에는 힘들다. 이런 현상은 앞으로
더욱 두드러질 것이다. 그래서 자신의 전문 분
야의 새로운 지식을 습득하기 위해 학회, 세미
나 등에 꾸준히 참여하는 것뿐만 아니라 업무
와 직접적인 관련이 없어 보이는 것에도 다양
한 방식으로 끊임없이 배울 필요가 있다.

　그리고 학위나 자격증 등을 따기 위한 공부도
중요하지만 자신의 관심사나 궁금증에서 출발
한 공부도 할 필요가 있다. 그것이 꼭 학위나 자

격중 취득처럼 눈에 보이는 결과물을 얻기 위함이 아니어도 괜찮다. 자신이 진짜 궁금해서 하는 공부는 관심이 있기 때문에 덜 지루하고 더 깊이 있게 공부할 수 있으며 기억에도 오래 남는다. 그렇게 공부한 것은 분명 다른 형태로라도 유용하게 도움이 될 것이다. 퇴직 이후 다른 직업을 갖는데 도움이 될 수도 있다. 우리의 인생이 어떻게 흘러갈지 누구도 장담할 수 없으니 말이다.

그리고 지식을 쌓는 공부가 중요한 만큼 나답게 살기 위해서는 마음공부 하는 시간도 필요하다. 마음공부는 힘든 일, 괴로운 일, 즐거운 일, 행복한 일 등을 겪으며 세상을 배우게 되고, 사람에 대해 알게 되면서 정신적으로 성숙해지는 과정이라고 할 수 있다.

나의 경우 마음공부라는 것을 알게 된 시기가 2010년에서 2011년에 직장생활하며 많은 생각과 고민을 할 때였다. 주변에서는 안정적인 직장에 다닌다며 부럽다고 말하는 사람도 있었다. 하지만 당시 나는 맞지 않은 옷을 입은 것처럼 불편하고 힘든 시간의 연속이었다. 그 때 몸과 마음이 고되긴 했지만 마음공부만큼은 많이 했던 시기였다. 당시 나는 퇴근 이후나 휴일 대부분을 책을 보거나 사색을 하며 시간을 보냈다. 그렇게 수많은 밤을 보내며 내가 진짜 무엇을 하고 싶은지? 나는 어떤 사람인가? 앞으로 어떤 삶을 살고 싶은지? 등을 끊임없이 생각했다. 그때 가장 많이 접한 게 책과 강연 영상들이었다. 미래에 대한 고민과 책, 좋은 강연 등의 씨앗들이 내 안에 파종되고 물리적인 시간과 노력, 마음공부라는 영양분이 더해져 좀 더 성숙한 내가 되는 데 큰 도움이 되었다. 그래서 그 당시가 나에겐 애증의 시간이다.

지금은 그때 상황들이 다 기억이 나진 않지만 새벽까지 책을 읽고 여러 고민을 했던 나의 모습과 장소는 머릿속에 또렷이 박혀있다. 그 시간이 없었다면 내가 누구이고, 진심으로 무엇이 하고 싶은지, 어떤 삶을 살고 싶은지 등을 진지하게 고민하지 않고 살았을 지도 모르기 때문이다. 힘든 시간이 오면 정말 한 발짝도 나아갈 수 없고 살아 있는 것 자체가 지옥일 수 있다. 끝나지 않을 것 같은 마라톤도 끝이 있듯 스스

로 포기하지 않는다면 다시 따뜻한 봄은 분명
히 온다. 그 봄에는 더욱 단단해지고 굳건해진
모습과 함께 찾아온다.

• • •

시작을 두려워하지 않는
행동파가
되어야 한다

여러분은 어떤 기질을 가지고 있는가? 변화보
다는 안정을 추구하는 편인지, 즉흥적인 편인지
아니면 미리 계획을 꼼꼼히 짜는 스타일인지, 예
민한 편이지 둔감한 편인지 등 여러 가지를 통해
자신의 기질을 파악할 수 있다. 그러면 당신은 행
동파인가 아니면 자신의 마음에 들 때까지 완벽
에 가깝게 준비하고 행동하는 심사숙고파인가?

나는 행동파다. 그래서 어떤 일을 하게 될 때
완벽하게 준비하고 시작하는 편은 아니다.

세상에 완벽이란 없다. 우리가 보기에 완벽해

보이는 것도 처음에는 불완전하게 시작했고 약간의 부족함은 지니고 있다. 어떤 결정을 내리고 행동하기 전에 준비와 사전 조사를 꼼꼼히는 한다. 다만 그 준비하는 기간을 너무 오랫동안 갖지는 않는다. 중요한 것, 꼭 알아야 하는 것들 위주로 체크한 후 행동한다. 디테일한 항목들은 일을 진행하면서 하나씩 처리해 나간다. 물론 일을 진행하는 중간에 어떠한 변수가 생겨서 그만두는 경우도 있다. 하지만 일단 시작하고 나면 시작 전에 걱정했던 것보다 수월하게 진행되는 경우가 많다.

주변 사람들 중에 어떤 일을 시작하기 전에 나에게 의견을 물어오는 경우가 있다. 그러면 나의 의견이니 참고만 하라고 말한다. 그러면서 준비는 꼼꼼하게 하되 중요하고 꼭 알아야 하는 것을 해결했으면 시작을 너무 두려워하지 말라고 말한다. 사실 일을 진행하면서 생기는 변수는 어떤 것들이 튀어 나올지 아무도 예측할 수 없다. 그래서 일을 시작하기 전에 그 변수들을 다 체크한다고 해도 막상 일을 하다보면 전혀 생각지도 못한 변수들이 발생한다. 그래서 변수들을

100% 사전에 해결할 수 없다.

작년에 친구가 고깃집을 오픈했다. 고기관련 일을 오랫동안 해왔기 때문에 아는 사람도 꽤 있어서 어렵지 않게 장사를 시작하게 되었다. 그렇게 장사를 해오다가 전혀 예상치 못한 엄청난 악재가 발생했다. 바로 코로나 바이러스다. 이 악재로 대한민국뿐만 아니라 전 세계가 힘들어졌다.

그 친구뿐만 아니라 모든 사람의 일상이 사라져 버렸다. 퇴근 후 동료들과 술 한 잔 하던 일상, 가족들과 자유롭게 나들이 가던 일상, 업무를 위해 편하게 기차, 버스, 비행기를 이용했던 우리의 일상이 더 이상 일상이 아니게 되었다. 일어나서는 안 되는, 그 누구도 예측하지 못한 커다란 변수가 생겨버린 것이다. 장사를 잘해오던 친구는 결국 장사를 접을 생각을 하고 있다. 코로나 바이러스로 인한 재난에 가까운 상황이 흔한 경우는 아니지만 그로인한 피해는 엄청나다.

변수에 대한 다른 예를 들어 보면 자신이 처음 걷게 되는 숲이 우거진 길을 간다고 생각해 보자. 길을 떠나기 전 지도를 보며 어느 방향으로 갈지, 시간은 얼마나 걸릴지 등을 계획할 것이다. 그렇게 중요한 점들을 체크했다면 직접 길을 걸으며 낫이나 칼로 방해가 되는 풀과 나무들을 쳐내면서 앞으로 나아가야 한다. 출발은 하지 않고 지도를 보면서 목적지까지 가는데 얼마나 많은 장애물과 풀이 있을지 예상만 한다면 결코 목적지에 도착할 수 없다. 또한 사전에 예상되는 장애물을 예측한다고 해도 막상 길을 걷게 되면 전혀 예측하지 못했던 장애물들이 나올 가능성도 있다. 그렇기 때문에 한발 한발 내딛으면서 목적지까지 걸어가는 수밖에 없다. 어쩌면 그 방법이 가장 빨리 목적지까지 도달 할 수 있는 방법일 것이다.

어떤 일을 시작하기 전에 머릿속으로 생각하며 시간을 보내기보다는 시작을 해야 한다. 물론 처음 해보는 일이기 때문에 걱정되고 두려운 마음에 시작하는 것이 망설여 질수도 있다. 실패하고 싶지 않은 마음에 철저히 준비하고 싶은 마음도 있을 것이다. 사전에 준비는 성실하게 해야 하지만 시작을 두려워하지는 말아야 한다.

혹시 어떤 일을 준비하고 있는가? 그럼 준비는 착실히 하되 혹시 내가 시작을 두려워하고 있는 것은 아닌지 생각해 봐야 한다. 지금 준비하고 있는 일이 본인이 정말 원하는 일이고, 도전하고 싶은 일이라면 두려워 말고 시작해라. 시작하기 전에 있었던 두려움과 걱정은 시작하면 사라진다.

•••

혼자 있을 때
자신과
잘 지내기

퇴근 후나 쉬는 날 여러분은 무엇을 많이 하며 시간을 보내는가? 혼자 있으면 외롭고 적막해서 TV를 켜놓거나 지인들을 초대 하는가? 아니면 집순이, 집돌이가 되어 집에서 혼자 시간을 보내는 편인가?

요즘은 혼자 있을 때 많이 하게 되는 것이 스마트폰이다. 스마트 폰의 좋은 점은 자신이 편한 시간에 보고 싶은 콘텐츠들을 볼 수 있다는 점이다. 스마트폰은 그런 장점이 있는 반면 조심해야 할 점도 있다. 바로 스마트폰 중독이다. 스마트폰으로 게임도 하고 자신이 보고 싶은 콘텐츠를 보다보면 3~4시간은 금방 간다.

쉬는 날 잠깐 스마트폰으로 밀린 드라마를 보거나 게임을 한 것 같은데 금방 밤이 되었던 적이 있을 것이다. 우리의 일상 깊숙이 어느 때부턴가 친구만큼 스마트폰이 가까운 사이가 되었다. 나도 이불속에 들어가서 스마트폰 하는 재미에 빠져 하루에도 몇 시간씩 스마트폰과 놀 때도 있다. 시시각각 새롭고 재밌는 콘텐츠들이 업데이트 되다보니 밤새며 스마트폰과 놀 때도 있었다. 그러다 보니 어느 순간부터 눈도 안 좋아지는 것 같고 손목도 아프고 해서 이제는 스마트폰과 적당한 거리를 두고 지낸다. 대신 내가 해야 할 일에 더 집중하려고 한다.

스마트폰과 관련해서 몇 년 전에 미국 마이크로소프트(MS)사의 공동 창업자인 빌 게이츠의 기사가 나온 적이 있었다. 영국 일간지와의 인터뷰에서 빌 게이츠는 자녀가 14세가 되기 전까지 스마트폰을 쓰지 못하게 했다고 한다. 그리고 식사 시간에는 스마트폰 사용을 금지했다고도 한다. 이유는 가족 간의 서로 눈을 보고 대화하고 토론하는 분위기를 조성하기 위해서라고 한다.

또, 애플 회사의 스티브 잡스는 2011년 아이패드를 최초로 출시했을 당시 우리 집에서 아이는 아이패드를 사용할 수 없다며 아이가 집에서 기술을 사용하는 것을 제한한다고도 말했었다.

실제로 많은 연구 결과가 장시간 스마트폰을 할 경우 인체에 악영향을 준다는 사실을 증명해주고 있다. 빌 게이츠와 스티브 잡스는 문명의 기술을 이용해서 부자가 되었지만 그보다 더 중요한 것이 무엇인지 알고 있었던 것 같다.

수없이 많은 어려움과 차별을 이겨낸 미국의 유명한 방송인 오프라 윈프리는 쉴 틈 없이 바쁜 와중에도 명상을 꼭 한다. 본인이 명상을 직접 해보고 그 효과를 본 후 직원들도 명상을 할 수 있도록 지원해주고 있다고 한다.

이처럼 세계적인 명사들은 아무리 바빠도 독서, 산책, 대화, 명상 등 자신의 내면을 들여다보는 시간을 중요하게 생각한다. 혼자 있을 때 자신과 잘 지내기 위해서는 하루에 잠깐이라도 스마트폰과 이별하는 대신 자신의 내면과 만나는 시간을 가져야 한다. 그렇게 자신과 대화하는 시간을 갖는 것이 나답게 살 수 있게 되는 중요한 요소 중 하나이다.

요가, 산책, 사색, 명상, 독서, 대화 등 어느 것이든 자신에게 잘 맞는 것을 찾아서 해보는 것을 추천한다. 그리고 정기적으로 그런 시간을 갖는다면 더욱 좋다.

• • •

나 자신에게
부끄럽지 않게
살고 싶다

　20대 때에는 내가 세상을 바꿀 수 있다는 생각을 했던 적이 있었다. 그런 사람이 되고 싶어서 막연하게 소위 성공이라는 것을 해서 사람들에게 영향을 주는 사람이 되고 싶기도 했었다.

　하지만 이상만 높았을 뿐 무언가 꾸준히 노력하지 않았던 시간이 많았다. 그리고 성공을 많은 사람들이 알아봐주는 유명해지고 돈 많이 버는 것으로만 한정해서 생각 했다. 그런 생각을 하며 살다보니 당시 처해있는 상황이 성에 차지 않았다. 이렇게 해서 언제 성공하나 그런 생각에 사로

잡혀 있기도 했다. 돌이켜 보면 굉장히 편협하고 어리석은 생각을 가진 것이다.

노력을 하면서 한 단계씩 차근차근 밟고 나아가야 하는데 한 번에 많은 것을 이루려고 하니 현재를 만족하지 못하고 주저앉는 악순환이 되풀이 되었다. 그렇게 나 스스로를 괴롭게 하는 날이 많았다. 부끄럽지만 세상이 나를 알아주지 않는다고 혼자 착각했던 적도 많았다.

그때 어리석은 생각을 가지고 살았기에 이제는 내 노력이 아닌 공짜로 한 번에 이뤄지는 것이 좋은 게 아니라는 것을 알게 되었다. 그래서 오늘 나에게 주어진 하루를 감사하게 생각하고 작은 노력이라도 꾸준히 하려고 한다. 자신이 과거에 충실히 살지 않았다고 해서 후회할 필요는 없다. 자신의 부족했던 모습과 충실하지 못했던 시간을 잊지 않는 것이 중요하다.

나는 남들이 부러워할 만한 비싸고 화려한 물건을 갖고 있지 않아도 부끄럽지 않다. 남들보다 차가 좋지 않아도 부끄럽지 않다.

가장 부끄러운 것은 나다운 삶을 살지 않고 나 자신에게 이런저런 핑계를 대며 도망치고 합리화

하며 비겁하게 살았던 순간들이다. 그 시간들이 정말 부끄럽다. 그래서 더 이상 나 스스로에게 부끄럽게 살지 않아야겠다고 결심했고 나 자신과 다짐하며 작은 것이라도 꾸준히 실행하며 하루하루를 충실하게 살고 있다. 왜냐하면 자신에게 그럴듯한 핑계를 대면서 합리화 한다고 해서 내 삶이 결코 나아지지 않기 때문이다. 시도도 해보지 않고 안 되는 핑계를 찾아서 어쩔 수 없다, 라고 합리화하면서 내 삶을 비겁하게 살고 싶지는 않다. 무조건 열심히 살아야 한다는 말을 하는 것이 아니다.

나는 다른 사람에게 무조건 열심히 살아야 한다는 말을 하고 싶지 않다. 누군가에게 열심히 살라는 말을 할 자격이 있는지도 솔직히 잘 모르겠다. 무책임하게 무조건 열심히 살아야 한다는 말은 조언이 아니다. 다만 지나간 시간을 배움의 시간으로 삼고 지금 자신에게 부끄럽지 않은 삶을 살고 있다면 당신은 진정한 승리자라고 말해주고 싶다.

부끄럽게 살지 않더라도 결과가 항상 좋을 수는 없다. 그래도 낙담하지 않고 오늘 하루도 스스로에게 부끄럽지 않은 진정한 승자가 되었으면 한다.

•••

어떤
명품을
가질 것인가?

세상에는 많은 명품 제품들이 있다. 그 중에서
도 시대를 관통하며 꾸준히 전 세계 사람들에게
팔리는 자동차, 시계, 가방, 옷, 액세서리 등의
브랜드들이 있다.

나는 명품을 사는 것을 비판하고 싶은 마음은
없다. 자본주의 사회에서 정당하게 돈을 벌어서
어떤 물건을 사느냐는 개인의 자유다. 다만 염려
하는 점은 어떤 명품 제품을 가지고 있느냐에
따라 사람의 등급을 측정하고 그 사람의 가치와
동일시하는 일부의 문화이다.

어떠한 명품도, 사람보다 더 가치 있고 귀할 수는 없다. 나를 포함한 대부분의 사람은 명품 제품을 갖고 싶어 할 것이다. 그것이 한정판이라면 더 관심이 가고, 갖고 싶은 마음이 들 것이다. 나도 더 좋은 명품을 갖고 싶고, 세상에 하나밖에 없는 제품이라면 더 소유욕이 생길 것이다.

그렇지만 분별력은 있어야 한다. 간혹 명품을 사기 위해 과도한 빚을 지거나 다른 사람에게 피해를 주는 경우를 볼 수 있다. 그리고 명품을 자신과 같은 존재로 대우받고 싶은 마음에 과도하게 명품을 내세우는 경우도 본다. 자신의 물건을 그렇게 자랑하는 것도 개인의 자유이기 때문에 크게 문제 될 것은 없다.

다른 사람이 자신의 명품에 관심을 가져주지 않거나 칭찬하지 않는다고 해서 기분이 상하거나 자존감이 떨어진다면 자신을 먼저 돌아볼 필요가 있다. 아무리 비싸고 세상에 단 하나뿐인 명품이라고 해도 본인보다 소중한 명품일 수는 없다. 상품으로 인해 자신의 자존감이 떨어지거나 열등감이 생기지 않도록 자신의 마음을 항상 살펴야 한다.

값비싼 명품으로 휘감고 있지만 그 내면에는 열등감, 낮은 자존감을 가진 사람보다 명품이 아닌 차, 옷, 시계, 가방을 갖고 있지만 타인을 배려할 줄 알며 자신감 있고 자존감이 높은 사람이 더 매력적이고 호감이 간다. 그래서 자신을 명품 제품으로 꾸미기보다는 자신이 명품인 사람이 될 필요가 있는 것이다.

할리우드의 전설적인 배우였던 오드리 햅번이 있다. 그녀는 할리우드의 수많은 스타들 중에서 오랫동안 사람들의 기억에 남아있고 회자되고 있다. 그 이유는 그녀의 아름다운 외모나 각종 영화제에서 상을 받았던 작품의 영향도 있을 수 있겠지만 그녀가 실천으로 보여준 세계 구호를 위한 여러 활동도 크다고 본다. 오드리 햅번의 젊었을 때 외모보다 깊은 주름과 자연스럽게 나이든 모습으로 구호 활동을 하며 만난 아이들과 함께 찍은 사진이 세계의 많은 사람들에게 큰 영향을 주었다. 할리우드 최고의 배우로서 깊은 주름을 지닌 자신의 모습을 대중에게 보여주는 것이 쉽지 않았을 수도 있을 것이다. 그녀도 배우이고 세계적인 스타이기에 예쁘고 아름다운 모습만 대중들에게 보여주고 싶었을 수도 있었을 것이다.

하지만 그녀는 마지막에도 명품인 사람이었다. 명품으로 치장한 배우 오드리 햅번이 아니라 비싸고 화려한 명품과는 비교 할 수 없는 명품인 사람이었다. 그래서 지금도 세계 각국에서 활동하는 수많은 배우들의 워너비 스타가 아닐까싶다.

오드리 햅번처럼 대단한 사람이니까 세계의 어려운 사람들을 위해 구호 활동을 했을 것이라고 생각하지는 않는다. 그리고 모든 사람이 꼭 오드리 햅번처럼 구호 활동을 하며 살아야 한다고 생각하지도 않는다. 하지만 유명해지거나 대단한 성공을 거두지 않았더라도 누구든 충분히 명품인 사람이 될 수는 있다.

타인이 나를 명품으로 바라보는지는 중요하지 않다. 타인의 시선보다 더욱 중요한 것은 명품인 사람이 되고자 하는 자신의 생각과 마음이다.

여러분은 명품을 가진 사람이 되고 싶은가 아니면 명품인 사람이 되고 싶은가?

• • •

결혼은
필수가 아닌
선택

　결혼생활에 관한 다큐멘터리를 보다가 '졸혼'
이라는 단어를 알게 되었다. 궁금해서 검색을 해
보니 결혼 생활을 졸업한다는 뜻이라고 한다. 이
혼하지 않은 부부가 서로 간섭하지 않고 독립적
으로 살아가는 것이라고 한다.

　우리나라에서 황혼이혼은 꽤 오래 전부터 급
증 해왔다. 그래서 졸혼이 황혼이혼의 대안으로
등장한 개념이라고 말하는 사람도 있다. 졸혼을
하는 이유를 보면 더 이상 누구의 남편 혹은 아
내가 아닌 자신의 이름으로 좀 더 편안하고 자

유롭게 살고 싶어서라고 생각한다.

이렇듯 우리 사회가 이전보다 많이 변화되면서 사람들의 노년의 모습에도 새로운 형태가 등장한 것 같다. 나는 현재 미혼이다. 결혼 생활을 해본 적이 없어서 결혼에 대해 감히 말하기가 조심스럽다. 그래서 내가 지금까지 보고 느낀 결혼에 대한 생각만을 말하려고 한다.

결혼은 한 사람의 인생에서 가장 중대한 결정 중 하나라고 생각한다. 개인적으로 결혼하는 데 배우자의 외모, 직업, 경제력, 부모님 직업 같은 외적인 조건만을 중요하게 생각하는 것은 위험하다고 생각한다. 물론 외모가 준수하고 경제적으로 여유가 많으면 좋을 것이다. 하지만 성향, 성격, 생활습관, 가치관 같은 요소를 가볍게 생각하지 않았으면 한다.

나의 경우에는 오히려 이 부분이 더욱 중요하다고 생각한다. 그리고 배우자가 힘든 상황에 처했을 때 채근하기보다는 기다려주면서 의지할 수 있고 힘이 되어줄 수 있는 사람이면 더욱 좋을 것 같다. 사람이 항상 잘 될 수만은 없다. 반대로 항상 힘든 시간만 있는 것도 아니기 때문이다. 돈이 많고 외모가 뛰어나고 직업이 그럴 듯한 것도 중요할 수 있지만 거친 파도를 헤쳐 나가는 것과 같은 인생여정을 함께 손잡고 서로에게 힘이 되어주면서 헤쳐 나갈 수 있는 반려 자인지가 더 중요하다고 생각한다.

주변 친구들 중에 올해에 결혼한 친구가 몇 있다. 어른들이 보기에는 36살이면 좀 늦었다고 생각 하실 수도 있다. 당연히 그렇게 생각하실 수 있는 것이 부모님 세대가 결혼 하던 때에는 보통 20대에 결혼하는 사람들이 많았다. 내가 초등학생 때만 해도 36살이면 사람들이 노총각이라고 했다. 그리고 조선 시대에는 조혼(早婚)이라고 해서 10대에 결혼하는 문화가 있었다. 이렇듯 불과 100년, 200년 사이에 우리나라의 결혼 제도에는 엄청난 변화가 있었다.

젊은 사람들이 반드시 결혼을 해야 한다거나 하지 않아도 된다를 말하는 것이 아니다. 다만 사회적 통념이라는 이름으로 결혼 적령기가 되었으니 결혼을 해야 한다는 관점에서 벗어날 필요가 있다는 것이다. 특히 요즘 MZ세대(1980년대 초~2000년대 출생한 세대)의 특징 중 하나가

기존의 사회 통념을 무조건 받아들이지 않는다는 것이다.

그리고 무엇보다 개인의 자유와 행복을 많이 생각 한다.또한, 사람들과의 관계도 좀 더 느슨한 관계를 추구하는 경향이 있다. 그래서 휘발적인 모임 등 관계의 구속력이 약한 만남을 선호하기도 한다. 이러한 특징들이 친구, 가족, 부부 사이에서도 일정 부분 영향을 미친다고 생각한다. 그래서 연인, 부부 사이라고 해도 꼭 많은 것을 함께 해야 하는 것이 아니라 '따로 또 같이'를 적절히 실천하는 것 같다.그리고 결혼 적령기라는 사회 통념이 있다고 해서 결혼을 하는 것이 아니라 나이보다는 서로에게 좋은 시너지를 줄 수 있고 각자에게도 어느 정도의 자유를 보장하며 살고 싶어 하는 것 같다.

나도 주변 사람들로부터 결혼하라는 말을 들을 때가 있다. 결혼하라고 말하는 사람 대부분은 깊게 생각하지 않고 하는 말이라는 것을 알고 있다. 그래서 그렇게 스트레스가 되진 않는다. 하지만 부모님께서 말씀 하셨을 때는 진지하게 생각을 하게 된다. 부모님께서는 몇 년 전까지는 결혼하라는 말씀을 많이 하셨다. 그러시다가 언젠가 부터는 결혼하라는 말씀을 거의 하지 않으신다. 겉으로 내색은 안 하시지만 내심 내가 빨리 결혼해서 손주를 보여 줬으면 하는 마음이 있으신 것을 알고 있다. 하지만 사람의 힘으로도 쉽지 않은 것이 분명히 있다. 결혼은 본인과 잘 맞는 사람을 만나 할 때가 적령기이지 따로 정해진 결혼 적령기는 없다.

잘 나가는
사람들의
이유

지금은 종영했지만 TV 프로그램 중에 '무한도
전'을 좋아한다. 무한도전이 방영했을 당시에는
토요일 저녁이면 다른 것을 하다가도 TV앞에
앉아 기다렸던 적이 많았다. 지금은 아쉬운 마음
을 유튜브에서 찾아보며 달래고 있다.

유튜브로 무한도전을 다시 보는데 무한도전
멤버들이 방청객들과 질의응답 하는 코너를 본
적이 있었다. 한 여성 방청객이 유재석 씨에게
어떻게 계속 1등을 하는지 비결이 궁금하다는
질문을 했다. 유재석 씨의 대답은 "오랜 무명 시

절을 겪을 때 기도를 참 많이 했어요. 저에게 단 한번만이라도 기회를 주신다면 그래서 나중에 잘 되었을 때 초심을 잃고 만약 이 모든 것이 나의 힘으로 얻은 것이라고 한번이라도 생각한다면 저에게 세상에서 그 어떤 가혹한 벌을 주셔도 왜 저에게 이렇게 가혹한 벌을 주시냐고 원망하지 않겠습니다."였다.

무척 인상 깊게 봤었고 지금도 좋은 에너지를 받고 싶을 때마다 찾아본다. 유재석 씨는 또 무한도전의 다른 에피소드에서 이런 말을 했다.

"신인 시절에는 최고로 웃기는 개그맨이 되고 싶었던 적이 있었습니다. 하지만 어느 순간부터는 오랫동안 예능을 하고 싶다는 생각을 하게 됐습니다. 꼭 톱스타의 자리를 지키고 있지 않아도 좋습니다. 좋은 동료들과 제가 좋아하는 일을 오랫동안 하고 싶습니다."

유재석 씨의 영상을 보면서 무엇이 한 사람을 일류가 될 수 있게 만드는 것일까? 그리고 잘 나가는 사람들의 이유는 무엇인지 궁금해져서 나름의 정리를 해봤다.

첫 번째 이유는 '감사함'이라고 생각한다. 진

짜 잘 되는 사람들은 작은 것에도 진심으로 감사하다고 말하고 소소해 보일 수 있는 일에도 감사함을 잊지 않고 표현한다. 그 감사함의 표현이 남들에게 보여주기 위한 것이 아니라 진심으로 감사하다고 생각한다는 것이 느껴진다. 사실 많은 사람들에게 성공했다는 말을 들으면 목에 힘이 들어가고 거만해질 수 있다. 그리고 작은 것들의 고마움을 지나칠 수도 있다. 하지만 힘들었던 시간을 잊지 않고 살고 있는 일류가 된 사람들은 중요하지 않아 보이거나 사소해 보일 수 있는 것들의 감사함을 알고 있는 것 같다.

두 번째는 자신의 일을 좋아서 한다는 것이다. 작년에 친구와 어느 고깃집에 간 적이 있었다. 그 고깃집은 지방의 중소도시이며 상권도 썩 좋아 보이지 않은 곳에 있었다. 실내도 그리 크지 않은 규모였다. 그런데 손님들이 계속 방문해서 테이블 회전이 잘 되고 있었다. 고깃집 안에 딱 들어갔는데 사장님과 직원들이 정신없이 바빴다. 그런 상황인데도 굉장히 친절하게 인사를 하는 모습에 잘 되는 가게라는 느낌을 받았다. 서빙을 하며 바쁜데도 불구하고 직원들까지도 표정이 좋았고 말투에도 전혀 짜증이나 바쁨이 느껴지지 않았다. 그리고 손님 응대도 친절했고, 손님들이 자기들끼리 장난치다가 젓가락이 떨어졌는데 그 소리를 듣고 먼저 상냥하게 다른 젓가락을 챙겨주는 센스까지 보여줬다. 최근에 가본 음식점 중에 손꼽을 만큼 고객을 편안하게 해주고 맛도 있는 곳이었다.

나는 그곳이 잘 되는 이유가 궁금해졌다. 결국 궁금증을 참지 못하고 사장님이 우리 테이블에 와서 고기를 잘라 줄 때 장사를 많이 해봤는지, 이 지역에서는 처음 하는지 등을 물어 보았다. 바쁜 상황이라 표정이 굳어질 법도 한데 오히려 여유 있게 장사 경험 유무 등 여러 이야기를 하더니 마지막에 장사를 진심으로 하려고 해요. 그 한마디를 남기고 다른 테이블로 갔다. 그 이야기를 듣는 순간 진심으로 한다는 말이 가슴에 와 닿았다. 그곳은 처음 가본 내가 보기에도 진정성을 가지고 장사를 한다는 느낌을 받았다. 손님들에게 으레 하는 말이 아니라는 것을 내 눈으로 직접 확인 했으니 그 말이 더 신뢰가 갔다. 아마 그 고깃집이 제주도에 있었다면 나는 그곳의 단골손님이 되었을 것이다.

나누는
기쁨
내가 나누는 이유

현재 일을 하고 있어서 소득은 있지만 최저 생활을 유지하기 힘든 계층을 기초생활수급대상자로 지정해서 지원을 해주는 제도가 있다. 내가 어렸을 때에는 기초생활수급대상자라는 말 대신 영세민이라는 말을 많이 썼다.

우리 집은 영세민이었다. 그래서 국가에서 쌀이나 라면 등과 약간의 돈을 지원받았던 기억이 난다. 그리고 학교에서도 급식비 지원과 수업료 면제 등 감사하게도 많은 도움을 받았다. 이렇게 공공기관뿐만 아니라 일반 단체나 개인적으로도 주변에서 많은 분들께서 도움을 주셨다. 그리고 무기명 기부 등, 미처 어느 분인지 알지 못하지만 보이지 않는 곳에서 도움을 주신 분들도 많이 계셨을 것이라고 생각한다.

어렸을 때는 어린 마음에 친구들 앞에서 도움 받는 게 보여 지는 것이 창피하고 부끄럽게 생각했었다. 당시에는 너무 어려서 그랬던 것 같다. 이제는 도와주신 모든 분들의 감사함을 잘 알고 있고 그분들의 도움을 잊지 않으려고 한다.

어렸을 때 도와주신 분들을 찾아뵙고 감사하다는 말씀을 드리지 못하고 있는 것 같아 항상 마음이 쓰였다. 사회생활을 하면서 돈을 직접 벌어보니 금액의 크기를 떠나 자신이 번 돈으로 누군가를 위해 돕는 분들은 정말 대단한 분들이라는 것을 몸소 알게 되었다. 그래서 내가 받았던 도움을 잊지 않기 위해 작게나마 기부와 나눔을 하고 있다. 빈곤했을 때 어려움과 부족함을 알기에 내가 한 나눔이 누군가에게 도움이 됐다는 말을 들었을 때 정말 기분이 좋다. 나누는 일을 꼭 감사의 말을 듣기 위해서 하는 것은 아니지만 그래도 기분이 좋고 보람이 되기도 한다.

내가 나눔을 하는 또 다른 이유는 엄마가 생각나서이다. 젊은 나이에 하늘로 먼저 가신 엄마를 생각하면 가슴이 먹먹해진다. 내가 하는 기부와 나눔이 돌고 돌아 하늘에 계신 엄마에게 간다고 생각한다. 물론 그것을 꼭 바라고 하는 것은 아니다. 다만 내 마음을 위한 소망이기도 하다. 지금도 내가 기부를 한다는 사실을 외부에 이야기하는 것이 쑥스럽고 민망하기만 하다. 외부에 드러내지 않고 묵묵히 자신보다 더 어려운 상황에 처해 있는 분들에게 많은 후원과 봉사를 하시는 분들이 계시다는 것을 알기에 기부 사실을 밝히는 것이 면구스럽다.

그럼에도 굳이 책에서 이런 이야기를 하는 이유가 있다. 예전에 어느 분께서 외국의 사례를 언급 하시면서 이름과 얼굴을 드러내고 나눔을 하는 것이 필요하다는 말씀을 하신 적이 있다. 그 분의 말씀은 이렇다.

"나눔을 실천하는 분들이 자신이 누구인지 밝히지 않으면 자기 주변에 누가 기부를 하고 봉사를 하고 있는지 잘 모른다. 나눔이 더 확장 되서 더욱 많은 사람들이 나누길 바란다면 자신이 나눔을 하고 있다는 사실을 알리는 것이 필요하다."

금액이 많지 않다고 생각해서 또는 본인보다 더 많은 분야에서 나누고 있는 분들도 계신데 차마 자신의 존재를 알리기가 민망하다고 생각할 수도 있다. 하지만 살면서 누군가를 위해 단돈 1000원이라도 또는 1시간의 봉사라도 하며 사는 것이 마음처럼 쉽지 않을 때가 있다. 그분의 말씀을 듣고 필요한 경우에는 주변에 알리는 것도 좋겠다고 생각을 바꿨다.

거창하게 나눔을 하며 살고 있진 않지만 그래도 생각으로만 그치지 않고 실천하고 있다는 것이 중요하다고 생각한다. 예전에는 돈이 없어 생활비를 걱정해야 할 때도 적은 금액이지만 기부를 했다. 나중에 돈 많이 벌면 그때 시원하게 많은 돈을 쾌척해야지 하는 사람도 있을 수 있다. 사람마다 가치관이 다를 수 있지만 적은 금액이라도 괜찮으니 나중으로 미루지 말라는 말을 하고 싶다.

내가 성인이 되서 나의 삶을 살게 될 때까지 주변 분들의 도움을 많이 받았다. 그렇게 도와주신 분들에게 직접 보답해 드릴 때도 있지만 그러지 못하는 경우도 있다. 그래서 내가 받았던 감사한 도움을 주변에 도움이 필요한 분들에게 돌려드리고 싶다. 신기한 것이 예를 들어 쌀 한 포대를 사서 전달하러 가면 가슴이 그렇게 따뜻해질 수가 없다. 그 따뜻함이 오히려 나를 더 따뜻하게 만들어준다.

20대 때 노량진에서 공무원 준비를 하던 시기에 있었던 일이다. 당시에 공무원 시험 과목 중에 행정법이 있었다. 처음 접하는 과목이라 쉽지 않아서 이해를 위해 몇 개월 더 수업을 들어야 하는데 돈이 부족해서 다음번 수강 신청을 못하고 있을 때였다. 수업 끝날 때 쯤 강사님께서 혹시 경제적으로 어려워서 다음 달에 재수강을 못하는 사람이 있다면 수업 마치고 개인적으로 찾아오라는 말씀을 하셨다. 고민을 한참 하다 수업을 마치고 선생님이 계신 사무실에 찾아갔다. 선생님께 현재 나의 상황을 말씀 드렸더니 먼저 식사를 하러 가자고 해주셨다. 학원 근처 부대찌개 식당에 가서 식사를 하며 선생님께서 좋은 말씀과 함께 흔쾌히 다음 달에 수강할 수 있도록 배려해 주셨다. 감사의 인사

를 드리고 재수강을 할 수 있었다. 비록 공무원
은 못 됐지만 지금도 그 선생님께서 아무런 조
건 없이 베풀어 주신 은혜를 가슴 깊이 간직하
고 있다. 그 감사함은 평생 잊지 못할 것이다.

나도 한 때 가난한 우리 집이 싫었던 적이 있
었다. 다른 집 부모님처럼 공부할 수 있도록 도
움을 받지 못해서 서운한 마음도 있었다. 하지
만 시간이 지나서 알게 되었다. 부모님께서 나
에게 물려주신 최고의 유산은 돈이 아니라 건강
한 몸과 정신이고, 세상을 내 힘으로 살아 갈 수
있는 자립심을 주신 것이라는 사실을 말이다.

만약 부모님께서 내가 조금 힘들 때 마다 돈
을 주시고 차도 사주시고 집도 사주셨다면 당
장은 좀 편할 수도 있었을 것이다. 하지만 자식
에게 풍족하게 못해 주는 부모님 마음은 얼마
나 아프시고 속상 하실까 생각하면 잠시라도
어리석은 생각을 했던 내가 부끄러울 뿐이다.
부모님께서 성실하게 사시는 모습을 보여주심
으로써 내가 어떻게 살아야 하는지를 가르쳐
주셨다. 그 사실을 깨닫는데 30년이 걸렸다. 금
액의 크기를 떠나서 누군가를 위해 나눌 수 있

다는 것에 감사하다. 그 기분은 돈을 벌 때와는
또 다른 기쁨이다. 앞으로도 꾸준히 나누는 일
을 해나갈 것이다.

Part 03
자신에게 맞는 것 찾기

...

자신에게
맞는 것을
찾아야 한다

　자신에게 무엇이 잘 맞고, 좋아하는 일이며 잘할 수 있는지 찾아야 한다. 이것은 가만히 있거나 수동적인 자세로는 알 수 없다. 나답게 살기 위해서는 자신에게 무엇이 잘 맞는지 알아보기 위한 여러 시도를 해야 한다. 사람은 누구나 자기에게 더 잘 맞는 것이 있다.

　거주지를 예로 들면 어떤 사람은 서울처럼 대도시에서 사는 것을 더 선호하는 사람이 있다. 대도시는 상대적으로 대중교통이 잘 되어있고, 각종 문화시설과 생활 편의 시설들이 가까이 있기 때문에 편리하게 이용하고 싶은 사람이 살기에는 더 알맞은 곳이다.

반면 대도시가 아닌 한적한 곳에서 사는 것을 선호하는 사람도 있다. 지금까지 서울, 광주, 대전 등 큰 도시에서도 살아보고 중소도시의 한적한 시골에서도 살아봤다. 비교해볼 수 있는 여러 곳에서 살아봤기에 어디가 나에게 더 잘 맞는지 알 수 있게 되었다. 그렇게 비교해 볼 수 있는 나만의 데이터가 있기 때문에 지금 사는 제주도의 한적한 곳도 불편함을 못 느끼며 살 수 있는 것이다.

자신에게 맞는 것이 무엇인지 찾기 위해서는 생각보다 많은 시간과 정성이 필요하다. 그렇게 찾다보면 어느 순간 나라는 사람이 누구인지 알게 되는 순간도 올 것이다.

2018년 기준 한국의 1인당 GDP는 3만 달러를 넘었다. 세계 20위권이라고 한다. 이렇게 경제적으로는 풍요로운 시대인데 반해 정서적으로는 힘들어하는 사람이 많은 것 같다. 이제 절대빈곤은 거의 없어졌는데 상대적 빈곤, 상대적 박탈감 등으로 인해 힘들어하는 경우는 많이 늘어난 것 같다. 여러 가지 이유가 있겠지만 어린 시절 겪은 불우한 가정환경, 사람에게 받은 상처, 하고 싶은 것을 못하게 됐을 때의 절망감 등으로 사람들의 분노 게이지가 상당히 높다는 느낌을 받는다. 사람들의 이러한 정서적 방황은 사회, 경제적인 측면에서도 큰 손실이다. 해결을 위해서 개인의 노력도 필요하지만 실질적으로 도움이 될 만한 정책과 방안들이 필요하다.

한 사람이 살면서 생긴 상흔(傷痕)은 한 순간에 아물기에는 쉽지 않다. 그렇지만 그 상흔을 평생 가지고 가기보다는 치유하고 좋아져야 한다. 그렇게 하기 위해서는 자신에게 맞는 일, 취미, 생활방식 등 자신이 잘 지낼 수 있도록 자신에게 맞는 것을 찾아야 한다. 그리고 사회나 타인이 요구하는 모습에 맞춰 살지 않았으면 한다.

대신 어떤 것이 자신과 잘 맞는지 본인이 살고 있는 지역뿐만 아니라 직업, 만나는 사람들, 취미 등 여러 가지를 경험해 보면서 자신과 잘 맞는 것을 알아가야 한다. 그런 과정이 나름 재미도 있고 자신에게 맞는 것을 찾으면 이전보다 삶의 만족도도 많이 높아질 것이다. 자신에게 맞는 것이 어떤 것인지 찾기 위한 활동을 꾸준히

했으면 한다. 그 과정을 경험할 때 자신과 잘 맞
는 것을 찾았다면 그것에서 휴식과 위로도 함께
받으면 좋겠다.

•••

우울증을
겪고
나서

2019년 9월에 발표된 건강보험 심사평가원 자료에 따르면 대한민국 우울증 환자는 68만 3000명이라고 한다. 우울증 환자의 숫자도 2000년대 이후 꾸준히 증가하고 있다고 한다. 짐작컨대 본인이 우울증인지 인지하지 못하고 있거나, 병원에 가지 않는 사람까지 포함하면 더욱 많을 것이라고 예상한다.

전문가들이 말하는 우울증에 걸리는 이유는 첫 번째가 스트레스, 두 번째는 가정환경과 성장과정 등의 문제, 세 번째가 과도한 경쟁으로 인한 피로라고 한다. 스트레스의 경우 학업, 취업 준비, 일(업무), 인간관계, 결혼, 육아, 퇴직 등 전 세대에 걸쳐 많이 받고 있다.

나는 우울증을 겪었다.

몇 년 전부터 때때로 극단적인 생각이 들고, 밤에 잠을 잘 못자며 의욕이 떨어지는 등 몸과 마음이 지치고 힘들어서 병원에 갔더니 수면 장애와 우울증 진단을 받았다. 우울증을 조금은 예상을 하고 병원에 갔는데 막상 진단을 받게 되니 적잖이 충격이었다. 그래도 바로 병원에서 추천해준 여러 방법을 따랐고 지금은 많이 좋아졌다.

그렇게 조금씩 좋아진 후 운동을 열심히 하고 있다. 좀 좋아진 다음에는 운동을 하는 것이 많은 도움이 되고 있다.

우울증이 마음의 감기와 같다고 말하는 사람도 있는데 나의 경우를 통해 말하자면 우울증은 내가 나를 죽게 할 수도 있는 마음의 병인 것 같다. 그만큼 무섭고 위험한 병이라고 생각한다.

나도 처음에는 설마 내가 우울증이겠어? 하며 외면만 했었다. 그러다 더 힘들어져서 결국 병원을 찾아 간 것이다. 지금 생각해 보면 내가 우울증을 직면할 용기가 없어서 외면했던 것 같다. 그렇게 의사와 상담하고 우울증이라는 말을 직접 들으니 한편으로는 마음이 편안해졌다. 그 전까지는 마음 한쪽에 불안함이 있었다. 그런데 전문가에게 정확한 진단을 받았을 때, 현재 나의 상태를 확실히 알게 되었으니 이제 좋아질 수 있도록 하자, 라는 생각이 들어서 바로 약 처방을 받았다. 그렇게 우울증이 조금씩 좋아지면서 아이러니 하게도 우울증이 준 나름의 선물도 있다.

한 가지는 더 이상 타인의 눈치를 보며 남이 나를 어떻게 생각할지 신경 썼던 마음을 내려놓기로 결심 했다. 무엇이 됐든 자신이 우선이다. 타인에게 그럴듯하게 보여주기 위해 보이지 않는 곳에서는 힘들어하고 불편했던 것들은 내려놓아 버렸다. 남에게 자랑하기 위해 또는 나는 이런 사람이니 나 좀 알아봐 달라는 식의 마음은 더 이상 가지지 않겠다는 생각이 확고해졌다.

그리고 열등감이나 비교의식에 사로잡혀 살지 않기 위해 노력하겠다고 나 자신에게 선언했다. 또 물질로는 그것이 아무리 비싸고 좋더라도 공허한 마음을 채우려고 해도 다 채울 수 없다는 말이 확실히 공감이 되었다. 그러한 생각들에 도달하니 지금 내가 가지고 있는 것만으로도 충분히 만족되고 감사하다는 생각이 진심으로 들었다. 그래서 공허하고 불안한 마음을 물질로 채우려하기 보다는 소소하더라도 내가 진짜 즐겁고 내 마음을 충분히 충족 시켜주는 나에게 건강한 것들을 시작했다. 그것이 다음 편에서 자세하게 소개할 내가 좋아하며 하고 싶었던 일, 자연에 가기, 걷기, 글쓰기 등이다.

우울증으로 처음 병원에 갔을 때 의사가 내 이야기를 듣고 해준 말이 있다. 자신의 감정을 건강하게 잘 표현해야 한다는 말이었다. 그 말을 듣는데 나의 마음을 어루만져 주는 것 같았다. 남들에게 할 말이 있어도 충돌하거나 다투고 싶지 않아서 그냥 넘어가곤 했다. 내 딴에는 굳이 말하거나 표현하지 않아도 상대방이 알겠지, 라고 생각했다. 근데 상대방은 제대로 표현해 주지 않으면 내가 어떤 생각을 하고 있는지 모른다. 제대로 표현 하지 않고 그냥 넘어가거나 참는다고 해서 상황이 좋아지거나 해결되지 않는다. 그것을 제대로 직시하게 되었다.

지금껏 부러웠던 사람이 남 입장에서 생각해 보거나 깊게 헤아리지 않고 자신의 입장에서 생각하고 판단한 후에 상대방의 말은 안 듣고 따발총처럼 자기가 하고 싶은 말만 하는 사람이었다. 그런 유형의 사람을 만나면 저 사람은 홧병이나 우울증은 걸릴 일 없겠다는 생각이 들면서 그런 사람들의 행동에 동의하지는 않지만 이상하게도 그런 점에서는 부러웠다. 이런 나의 성향이 우울증이 오는데 일부 영향을 준 것 같기도 하다.

그래서 조금씩 바꾸려고 했다. 상대방을 배려하면서 마음이 다치지 않도록 하려고 하지만 해야 할 말은 확실하게 표현 하려고 한다. 특히, 불합리하고 비상식적인 경우에는 더욱 확실하게 의사 표현을 한다. 그리고 우울증 진단을 받고 나서 나의 상황을 친한 지인들에게 이야기했다. 그러면 놀라면서 위로를 해주는 사람도 있었고, 어떤 사람은 본인이나 자기 주변 사람도 우울증을 겪었다며 진솔하게 이런저런 이야기를 하는 사람도 있었다. 간혹 위로 한답시고 우울증 빨리 좋아져라. 이겨내. 하는 말과 안쓰러운 듯 쳐다보는 눈빛을 하는 사람이 있는데 삼가는 것이 좋다. 왜냐면 그런 말과 제스처는 전혀 위로가 되지 않는다.

심지어 어떤 사람은 사는 게 편해서 그렇다. 정신없이 바쁘게 살면 우울증이 올 시간도 없다는 식으로 말하는 경우도 있었다. 이런 말은 듣는 사람을 더 깊은 우울증에 빠지게 만들 뿐이다. 어설픈 충고나 자극을 주는 방법은 도움도 안 될뿐더러 누구라도 그런 조언은 듣고 싶지 않을 것이다.

나의 경우 가장 좋았던 건 큰 위로의 말이 없어도 따뜻한 눈빛을 보내주거나 조용히 손을 잡아주는 사람이었다.

주변에 우울증처럼 마음이 아픈 사람이 있다면 많은 조언보다 조용히 손만 잡아주는 것도 큰 힘이 될 것이다.

●●●

혼자 시간을 보내며 충전하는 사람
VS
사람들과 어울리며 충전하는 사람

1988년 7월 1일 SK텔레콤의 전신인 한국 이동 통신이 아날로그(AMPS, Advanced Mobile Phone System)방식을 서비스하면서 우리나라 휴대폰 역사는 시작되었다.

카폰(Car Phone)으로 불리는 차량용 무선 전화기 서비스를 시작으로 1988년 서울 올림픽을 앞두고 대중에게 휴대폰 서비스를 시작할 때만 해도 대중들에게 휴대폰은 생소한 물건이었다.

당시 휴대폰은 수백만 원 하는 자동차와 비슷한 가격으로 '부의 상징'으로 통했으며 벽돌폰(벽돌

크기의 휴대폰)이라고 불리는 큰 휴대폰을 사용했다. 그렇게 시작된 한국 휴대폰의 역사는 우리나라가 삶의 수준이 향상됨에 따라 빠르게 보급되면서 현재에 이르게 되었다.

내가 휴대폰을 처음 가지게 된 때는 2004년 20살 때였다. 그때는 지금과 같은 다양한 기능이 있는 스마트폰이 아니었다. 폴더폰(folder phone)과 위로 올리고 내릴 수 있는 슬라이드 폰이 있었다.

배터리 충전도 탈부착이 가능한 형태가 많아서 배터리가 방전되면 휴대폰에서 뺀 후 충전이 다된 다른 배터리로 교체해서 썼던 기억이 난다. 요즘은 배터리가 휴대폰과 일체형인 경우가 많고 무선 충전 패드에 스마트폰을 올려놓기만 하면 자동으로 충전되는 시대가 되었다. 많이 편리하게 바뀌었다.

우리나라 휴대폰의 역사부터 시작해서 충전하는 방식까지 설명한 이유가 있다. 휴대폰도 배터리가 방전되기 전에 충전을 해야 계속 사용할 수 있듯이 사람도 충전의 시간이 꼭 필요하다. 그런데 사람마다 성향이 다르듯이 충전하는 방식도 다른 것 같다.

홀로 있으며 휴식, 산책, 독서, 사색 등을 하며 충전한 후 그렇게 충전한 에너지를 가지고 일을 하거나 사람들을 만나며 쓰는 유형이 있다. 그래서 이런 유형의 사람들은 하루 중 잠시라도 혼자만의 시간이 반드시 필요하다. 소위 말하는 자기만의 동굴에 들어가 있어야 하는 시간이 필요한 것이다. 동굴에 들어가서 하루를 정리하기도 하고, 다음 활동을 위해 준비도 하면서 충전하는 것이다.

반면 혼자 있을 때보다 사람들과 함께 어울릴 때 에너지를 받고 충전이 되는 사람이 있다. 혼자 있을 때보다 여러 사람들과 함께 이야기를 나누거나, 술을 마시거나, 게임을 하면서 노는 등 무리 안에 있을 때 에너지가 충전이 되는 것이다. 혼자 있으며 충전하는 사람이 있고 다른 사람들과 어울리며 충전하는 사람이 있는데 이는 서로 충전하는 방식이 다를 뿐이다. 어떤 유형이 좋다 혹은 나쁘다고 논할 수 없다. 중요한 것은 자신이 혼자 있으며 충전하는 유형인지 아니면 여러 사람들과 함께 있을 때 충전이 되는 유형인지 파악해서 자신에게 맞는 방식으로 살아가는 것이다.

• • •

자신의
가장 친한 친구는
자기 자신

세상에서 자신을 가장 잘 이해해 줄 수 있는 사람은 자기 자신이다. 부모님을 비롯한 가족과 친한 친구들도 많이 이해해 줄 수는 있겠지만 자기 자신만큼은 잘 알 수는 없고 이해하기 힘든 부분도 있다. 그래서 타인과 좋은 관계를 유지하기 위한 여러 방법도 필요하지만 먼저 자신과 친하게 지낼 필요가 있다.

2018년 9월 24일 방탄소년단(BTS)은 유엔 총회에서 대한민국 가수 최초로 연설을 했다. 주제는 'Love yourself'(나 자신을 사랑하라)였다. 방탄소년단의 리더인 RM은 자신의 이야기를 진술하지만 당당하게 말했다.

7분 정도의 연설 중 일부 내용이다.

"내 목소리는 잃어버리고 다른 사람의 목소리를 듣기 시작했다. 결국 나의 이름을 잃어 버렸다. 우리는 우리 자신을 사랑하는 법을 배웠다. 저 자신을 온 힘을 다해 끌어안고 천천히, 조금씩 사랑하려 합니다."

이날 유엔 총회에서 있었던 방탄소년단의 자신을 잃지 말고 사랑하라는 연설은 엄청난 화제가 되었다. 그 이유가 전 세계적으로 유명한 가수여서 그럴 수도 있을 것이다. 그렇지만 단순히 유명한 가수이기 때문에 화제가 되었다기보다는 방탄소년단의 연설이 진솔했고 큰 울림을 주어서다.

진정성 있게 자신의 이야기를 했고 무엇보다 중요한 것이 자신을 진정으로 사랑하는 것이라는 사실을 세계의 많은 사람들에게 다시 한 번 상기시켜 주었다. 인터넷에 나온 기사를 통해 연설을 알게 되었고 연설 동영상을 보며 울컥했다. 우리에게 무엇이 진정으로 소중한 것인지 알려주는 멋진 연설이었다고 생각한다.

그렇다면 이토록 소중한 자기 자신과 잘 지내는 방법에는 어떤 것이 있을까? 2가지를 소개 하고 싶다.

첫 번째는 자기 자신과 대화하는 시간을 많이 가져야 한다는 것이다. 탈 벤샤하르 전 하버드 대학교 심리학과 교수는 매우 성공적인 사람들과 그러지 않은 사람들의 차이는 스트레스 회복을 위한 시간 마련의 차이에 있다고 말한다.

그는 스트레스는 아무런 죄가 없고 다만 문제는 회복시간이 부족한 것이라고 말한다. 성공하는 사람들은 매 시간, 혹은 2시간 마다 하던 일을 멈추고 명상을 하거나 산책을 한다고 한다. 점심을 먹을 때도 업무 관련한 사람들과 먹는 대신 진짜로 자기 자신을 위한 점심시간을 갖는다고 말하고 있다.

이처럼 스트레스에 대한 회복 시간을 지속적으로 갖는 것은 개인의 행복과 성공에 매우 중요하다고 탈 벤샤하르 교수는 말한다. 식당에서 혼자 밥을 먹고 있으면 약간 이상하게 바라보던 때가 있었다. 마치 함께 밥 먹을 사람이 없고, 인간관계가 좋지 않아서라고 생각되기도 했었다.

하지만 요즘은 혼밥, 혼술, 혼자놀기처럼 혼자

시간을 보내는 것이 자연스러운 문화로 정착해 가고 있다. 그래서 혼자 밥을 먹으러 가거나 놀러가도 사람들이 전혀 이상하게 생각하지 않는다. 그렇기 때문에 지금이 혼자 무언가를 하기에 좋은 시대이다.

혼자 밥도 먹어 보고 편안한 곳에서 혼자만의 시간을 가져 볼 필요가 있다. 그러면서 자기 자신과 대화를 많이 해보는 것이다. 오늘 하루를 어떻게 보낼 것인지 부터 앞으로의 계획, 진정으로 자신이 원하는 것이 무엇인지, 추구하고 싶은 가치관 등 자신의 정체성은 외부와 소통하며 알게 되는 경우도 많지만 이렇게 자신의 내면과 대화를 많이 하다 보면 선명하게 알게 될 때가 많다. 생각보다 많은 경우 자신의 관한 답은 자기 안에 있다. 그래서 자신과 끊임없이 대화하다 보면 자연스레 스스로에 대해 알게 되는 경우가 많은 것이다.

처음에는 자신의 내면과 대화하는 시간을 갖는 것이 어색할 수도 있다. 처음이 어렵지 한 두 번씩 하다보면 어느새 자연스럽게 자신과 대화 하고 있는 스스로를 발견할 것이다.

자신과 잘 지낼 수 있는 두 번째 방법은 사소한

일이라도 본인이 결정하고 그 책임도 본인이 지는 것에 익숙해지는 것이다.

'어차피 인생은 혼자다'라는 말이 있다. 이 말을 안 좋은 의미라고만 생각하지 않는다. 우리는 자기 삶에서 일어나는 일의 최종결정은 결국 본인이 하게 되어있다. 부모님이나 주변 사람들에게 조언 정도는 구할 수 있지만 그건 말 그대로 조언이다. 주변의 이야기는 참고 정도만 하고 결정은 결국 본인이 해야 한다. 그런 의미에서 보면 인생은 혼자인 것이다. 그렇게 자신이 결정하고 그 책임도 자신이 져야 나중에 일이 뜻대로 되지 않아도 남 탓을 안 하게 된다. 왜냐하면 자신이 결정했기 때문이다.

'따로 또 같이'라는 말이 있다. 사람들과 함께 할 때와 혼자 해야 할 때가 구분이 되어야 한다는 의미다. 성인이 되었는데도 사소한 것 하나까지 부모님께서 알아봐 주고 대신 결정해 주는 경우가 있다면 작은 것부터라도 스스로 알아보고 결정을 하는 습관을 들일 필요가 있다. 스스로 하다보면 자기 자신과 대화를 많이 하게 된다. 그러한 과정에서 자립심도 강해진다. 언제까지 부모님이 대신 해

줄 수 없다. 자신만의 문제는 스스로 하고, 가족과 관련된 문제는 부모님과 상의해서 결정해야 한다.

혼자 결정하는 것이 두렵고 불안하다고 해서 자꾸 타인에게 의지 하다보면 성인인데도 자신의 정체성을 제대로 확립하지 못 하게 될 수도 있다. 진정한 성인은 부모로부터 경제적으로 독립하고 정신적으로도 완전히 독립해서 자신의 삶을 사는 것이다.

자신과 잘 지내려면 그동안 타인에게 의존하던 것을 멈추고 스스로 결정하고 책임지는 자세가 필요하다. 그렇게 살아가다 보면 자신에게 묻고 답해야 할 때가 많다. 그러면서 자연스럽게 자기 스스로와 진정한 친구가 된다.

● ● ●

당신이
행운아가
되는 법

심리학에 메타인지능력이라는 것이 있다.

이것은 스스로 내면의 자신을 볼 수 있는 힘을 말한다. 메타인지능력처럼 한걸음 뒤로 물러나서 스스로를 바라볼 수 있는 힘은 자기 성찰을 꾸준히 하는 것과도 관련이 있다. 자신을 관찰하고 스스로 여러 실험을 해보아야 조금씩 알 수 있게 되는 것이다.

얼마 전 프로젝트를 함께 하면서 알게 된 친구와 이런저런 대화를 나눈 적이 있었다. 그 친구가 앞으로 어떻게 살아야 할지 잘 모르겠다는 이야기

를 했다. 이야기를 좀 더 들어보니 직장 생활도 해
봤고 자영업도 해본 적이 있는 사회 경험이 꽤 되
는 사람이었다. 친구의 이야기를 다 들은 후 스스
로를 봤을 때 자신은 어떤 사람인 것 같고, 하고
싶은 것, 좋아하는 것, 그리고 잘한다고 생각하는
것이 무엇이냐고 물어봤다. 친구는 한참 생각 하
더니 자신이 무엇을 하고 싶고, 좋아하고, 잘하는
지 잘 모르겠다는 대답을 했다. 그리고 사실 이런
생각을 깊이 있게 해본 적이 많이 없다는 말도 함
께 했다.

이 대화를 나누기 전에 함께 일해보고 대화를
나눠보면서 그 친구가 보통 이상의 능력과 열정
을 지닌 사람이라는 것을 느꼈다. 하지만 어떤
이유로 자신에 대해 잘 모르고 있을까 하는 생
각이 들었다. 생각해 보니 우리는 학교를 다닐
때부터 심도 깊게 이런 주제를 가지고 탐구하고
여러 시도를 해보는 시간을 거의 가지지 못했다.
그리고 대학에서는 취업 준비를 열심히 하며 보
냈다. 취업해서는 주어진 일을 열심히 했고 현재
도 열심히 일하며 살고 있다. 사회적 성공을 위
해 충실히 살아 왔지만 정작 자신에 대해서는

잘 모르고 있는 것이다. 살아오면서 자신에 대해 깊게 생각해 보는 방법을 모르고 시간도 없었기 때문일 것이다.

친구는 이번에 새로운 사업을 시작하는데 겁도 나고 자신감도 많이 떨어져 있는 것 같다는 말도 함께 했다. 이야기를 듣고 친구의 상황이 충분히 이해가 되었다. 그리고 도움이 되었으면 하는 마음에서 몇 가지 나의 생각을 말했다. 그리고 집에 오는 길에 나의 경우는 어땠는지 차분히 생각해 봤다. 나의 정체성에 대해 깊이 생각해 본 적이 있었는지를 되짚어 보는 시간을 가진 것이다.

20대 중반, 직장에 다닐 때 앞날을 고민하고 생각하는 시간을 진지하게 가졌었다는 이야기를 앞에서 한 적이 있다. 그때 나의 정체성에 대한 생각, 앞으로 어떤 삶을 살고 싶은지 등을 고민했었다. 당시에는 그런 고민을 진지하게 해보는 것이 처음이라 많이 혼란스럽고 힘들었다.

더구나 주변에 비슷한 고민을 하는 사람을 못 찾았다. 만약 그때 비슷한 고민을 하는 사람을 한 명이라도 알게 되었다면 그때 혼자 고민했던 시간이 단축될 수도 있었을 것이다. 심리적으로도 많은 도움이 되었을 것이다. 그렇게 시작된 고민이 오늘까지 계속 업데이트를 해오면서 앞으로의 삶의 방향이 조금씩 윤곽이 잡히고 하나씩 채워져 가고 있다.

지나고 보니 그때 그런 고민을 하고 내가 진정으로 하고 싶은 것을 생각하고 거기서 멈추지 않고 여러 시도를 해본 것은 행운이었다는 생각이 든다. 그때 진지하게 고민하는 시간을 갖지 않고 여러 시도도 해보지 않았다면 향후에 가고자 하는 삶의 방향에 대해 더 오랜 시간 고민하며 혼란스러운 시간을 보낼 것 같았기 때문이다. 어쩌면 지금까지도 정체성에 대해 고민하며 혼란스러운 시간을 보내고 있을지도 모른다. 물론 현재 나의 정체성이 완성된 것은 아니다. 그래서 꾸준히 나 자신을 갈고 닦아야 한다는 것도 잘 알고 있다.

여러분은 자신의 정체성과 앞으로 나아가고자 하는 삶의 방향에 대해 깊이 생각하는 시간을 가져 본 적이 있는가?

어떤 계기를 통해 그런 시간을 갖게 되었고 현재까지 잘 지나왔다면 당신은 행운아라고 말해주고 싶다. 나는 그런 의미에서 스스로를 행운아라고 생각한다. 그리고 이 행운이 계속해서 나에게 머물게 하기 위해 노력을 게을리 하면 안 된다는 것도 알고 있다.

자기 곁에 있는 행운을 계속 가져갈 수 있을지 여부는 1차적으로 자신에게 달렸다. 자신의 정체성과 삶의 방향성에 대해 많이 생각하고 거기서 멈추지 않고 생각 끝에 나온 결론을 가지고 여러 시도를 해 봤으면 한다. 그렇게 치열하게 고민하고 여러 시도를 하다보면 분명 자신의 길이 보일 것이다.

●●●

나와
잘
맞는 것

여기서 소개할 5가지는 20대 중반에 삶의 변
곡점을 겪으며, 내 삶의 패러다임이 변화하기 시
작했을 때부터 10년 동안, 내가 좋아하는 것, 하
고 싶은 것, 잘하는 것 등을 알기 위해 나 자신과
대화하고 세상과 계속해서 소통하면서 발견하게
된 나와 잘 맞는 것들이다. 나의 사례를 통해 여
러분도 자신에게 잘 맞는 것들을 알게 되고 그것
을 통해 경제적으로도 좀 더 윤택해지고, 나답게
사는데 도움이 되었으면 한다.

1. 걷기는 내면의 자신과 마주하는 시간

나는 여유가 있어서 걷는 것이 아니라 걸으면 삶의 여유가 생긴다고 생각한다. 걷는 장소도 올레길처럼 그럴 듯 하고 예쁜 길만 꼭 걸을 필요는 없다. 간혹 시간이 없어서 걷기를 못한다고 말하는 사람을 만날 때가 있다.

그런데 걷기를 안 하는 이유는 시간이 없는 것이 아니라 걸을 마음이 없기 때문이라고 본다. 아무리 바쁘더라도 쉬는 날이나 퇴근 후 저녁 먹고 산책 겸 동네 한 바퀴 정도 걸을 시간은 누구나 있다. 의사들도 걷기가 최고의 유산소 운동이라고 말한다.

내가 제주에 와서 가장 많이 바뀐 것 중에 하나가 바로 걷기의 매력을 알게 된 것이다. 요즘은 휴대폰에 만보기 어플이 있어서 자신이 하루 동안 걸은 걸음수를 알 수 있다. 나는 하루에 보통 1만보 정도 걷는다. 많이 걸은 날은 2만보 이상도 걷는다. 아무래도 자연을 좋아하다보니 좀 더 걷게 되는 것 같다. 예전에도 걷는 것을 싫어하지는 않았지만 지금만큼 걷기의 매력을 알지는 못했다. 내가 살고 있는 제주도 애월은 전체가 엄청 큰 공원과도 같다.

일단 차가 많이 다니지 않는다. 그리고 사람과 큰 건물도 많이 없어서 대문만 나서면 공원 걷듯이 조용한 길을 걸을 수 있다. 또 앞에는 바다가 보이고 뒤로는 한라산이 보이기 때문에 더 걸을 맛이 난다. 2년 전 처음 제주에 이사 왔을 때는 봄이었다. 날씨 좋은날 조용히 걷는데 상쾌하고 기분이 무척 좋았다. 그 이후로 지금도 하루 중에 잠깐이라도 꼭 걷는다.

작년에 제주를 걸으며 예쁜 풍경을 사진 찍어 놓은 자료를 가지고 한 잡지사에 기고도 했으니, 건강도 챙기고 글도 쓸 수 있어서 좋아하는 것 2가지를 한꺼번에 한 적도 있었다. 제주도니까 많이 걸을 것이라고 생각 할 수도 있다. 아무래도 제주의 아름다운 풍경과 운치 때문에 걷게 만드는 힘이 있긴 하다.

하지만 한 지인은 제주에 살고 있지만 자신의 활동영역 안에서만 움직이고 아직 가보지 못한 멋진 곳을 걸어가 보는 것을 그다지 좋아하지 않는 사람도 있다. 그 사람은 걷는 것 자체를 싫어한다. 동네 산책도 거의 하지 않는다. 그래서 차로 갈 수 없고 많이 걸어야 하는 곳은 가지 않는다. 그 사람을 보면서 제주가 좋아서 이사 왔다고 해서 모든 사람이 아름다운 곳을 보기 위해 걷고 땀 흘리는 활동을 하지는 않는다는 것을 알게 되었다.

사는 곳이 어느 정도는 중요할 수도 있지만 더욱 중요한 것은 걸을 마음이 있는지 이고, 걸을 마음이 없는 사람은 아무리 좋은 곳도 바라보기만 한다는 것을 알게 되었다.

나는 걸을 때 가능한 한 번도 가보지 않은 길을 걷는 것을 좋아한다. 가보지 않은 길을 걸으면서 이다음에는 어떤 길이 나올지 궁금해지고 기대감이 생겨서 처음 가보는 길을 많이 가는 편이다. 처음 가보는 길을 걷다보면 막다른 길을 만나기도 하고 길이 없는 곳이 나올 때도 있다. 그런 경우 돌아서서 다시 걸으면 된다. 막다른 길인데 괜히 왔다는 생각이나 힘들게 뭐 하러 왔을까 하는 생각은 들지 않는다. 약간 더 걸을 뿐 어차피 목적지에 도착 한다는 것을 알고 있기에 기분이 상하거나 투덜거릴 이유는 없다. 다만 멋진 곳을 한곳 더 본 것이다.

걷기가 좋은 이유는 걷는 것 자체가 좋기 때문이기도 하지만, 걷다보면 새로운 아이디어가 떠오르거나 답답하게 막혀있던 문제의 실마리가 보이기 때문이다. 그것이 걷기의 큰 매력이다. 책상에 앉아서 아무리 생각하고 궁리 해봐도 답답하기만 할 때, 앞으로의 계획이 전혀 갈피를 못 잡겠고 힘들 때 혼자 조용히 걷다보면 나름의 방안이 떠오를 때가 많다.

그래서 삶이 막막하다고 생각들 때, 무언가 새로운 아이디어가 떠오르지 않을 때 걸어보기를 추천한다. 이 때 필요한 것이 누군가 전화 통화를 오래 하지 않는 등 가능한 외부와 차단하며 내면의 자신과 만나야 한다. 그렇게 자신과 대화를 하며 걸어야 한다. 걷다보면 마치 마법처럼 한 번에 새로운 아이디어가 떠오르지는 않을 것이다. 그렇지만 확실한 것은 꾸준히 걷다보면 답답했던 삶의 돌파구가 보일 때도 있고, 좋은 아이디어가 떠오르기도 하는 등 많은 도움을 받을 것이다.

2. 자연

법정 스님 말씀 중에 자연과 멀어질수록 병원과 가까워진다는 말이 있다. 자연과 가까이 살게 되면서 스님의 말씀이 이해가 되기 시작했다.

나에게 있어 자연은 지치고 상처받은 마음을 치료해 주는 치유소(治癒所) 같은 곳이다. 그만큼 자연에 있을 때 마음과 몸이 가장 편안하고 힐링이 된다.

자연이라고 해서 꼭 인적이 드문 산속이나 제주도의 사려니숲길 같은 곳만을 이야기 하는 것은 아니다. 집 주변에 있는 작은 언덕도 자연이고, 집 안에 해 놓은 분재나 마당에 있는 작은 텃밭도 자연이 될 수 있다. 자신이 꽃과 나무를 보고 흙을 밟아서 마음이 편안해지고 미소 짓게 된다면 장소는 크게 중요하지 않다. 어디에 있든 자연 속에 있는 것이다.

나는 이젠 거의 자연 중독자 수준이 되었다. 하루라도 구름, 산, 바다, 들길, 새소리, 꽃 등을 보지 않으면 허전하고 아쉽다. 그렇지만 그 중독이 나를 기분 좋게 해주기 때문에 헤어 나오고 싶은 마음은 없다. 요즘 사람에게 상처 받았거나 힘든 일이 있다면 자연에 가보길 권한다.

3. 가장 최근에 알게 된 새로운 즐거움, 글쓰기

몇 년 전부터 글을 써보고 싶다는 생각을 해왔다. 그러다 우연한 기회에 여기저기 끄적여놓은 것들을 모아 정리하기 시작하면서 글쓰기를 시작했다. 그러면서 '샘터', '좋은생각' 같은 월간지에 글을 써서 보내도 봤다.

글을 써서 여러 곳에 보냈는데 운이 좋게도 작년에는 '샘터'라는 교양 월간지에 보낸 내 글이 실리게 되면서 글쓰기가 더 재밌어졌다. 글쓰는 재미에 빠져 계속 쓰다 보니 이젠 오랫동안 하고 싶은 취미이자 또 다른 업이 되었다.

글을 쓰는 것 자체도 재미있지만 내가 쓴 글이 어딘가에 채택이 되어서 실린 것을 보면 신기하기도 하고 충만해지는 기분까지 든다. 그렇게 시작한 글쓰기가 이제는 책을 출판하기 위한 글쓰기로까지 나아가고 있으니 즐겁고 감사할 따름이다. 진작 조금씩이라도 글쓰기를 시작할 걸 하는 생각이 든다.

글쓰기는 삶을 더 풍성하게 해주는 활동이다.

전문적으로 글 쓰는 법에 대해 배우면 좋겠지만 그렇지 않아도 누구나 충분히 쓸 수 있다. 또 대단한 사람들만 글을 써야 하는 것도 아니니 가벼운 마음으로 일단 써보라고 말해주고 싶다. 글을 어떻게 써야 할지 잘 모르겠다면 일기를 먼저 써보는 습관을 들이면 좋다. 그리고 시중에 나와 있는 글쓰기와 관련된 책들이 많다. 이런 책도 처음 글쓰기를 시작하는 사람에게는 도움이 된다. 나도 글을 써보기 전에는 글쓰기에 탁월한 소질이 있는 사람이나 관련된 전문지식이 있는 사람들만 쓰는 거라고 생각했던 적이 있었다.

하지만 글쓰기에 특별한 자격이나 엄청난 재능이 있는 사람만 써야 한다는 법은 없다. 글쓰기를 너무 거창하게 생각하거나 어렵다고만 생각하지 않으면 된다. 나도 이렇게 글을 쓰고 있다. 그렇다면 당신도 충분히 할 수 있다.

4. 행사진행과 강연하는 무대

살면서 처음으로 마음속에서 진심으로 하고 싶다는 마음이 들어서 시작한 일이 바로 행사 전문 사회 일이다. 마음속에서부터 뜨겁게 하고 싶어서 시작했다. 그때 나 자신과 한 약속들이 지금까지도 일할 수 있는 원동력이 된다.

아마 결혼식이나 돌잔치, 회사에서 가는 워크숍, 연말 송년회 등에서 사람들 앞에 나와 마이크를 잡고 전문적으로 진행하는 사람을 한번쯤은 봤을 것이다. 내가 그 일을 현재 하고 있다. 이 일을 처음 시작할 때는 도전해야겠다는 마음만 가지고 있었지 어떤 직업인지 아무것도 몰랐다. 10년 동안 해오면서 어렵고 막막할 때도 있었지만 지금도 하고 있는 이유는 무대에 섰을 때 내가 살아있음을 느끼게 해주는 매력이 있기 때문이다.

그동안 행사를 진행하면서 겪은 여러 일 중에 특히 기억에 남는 일이 있다. 몇 년 전 허리디스크 수술을 받았는데 그 때가 한창 무더운 8월이었다.

수술 전 기본적인 검사를 다 마치고 월요일에 수술을 받았다. 수술을 받고 병실에 누워있으면 혼자 할 수 있는 것이 거의 없다. 회복하기 위해 허리 보호대를 차고 매일 병원 안을 걸어 다녔다.

내가 병원 복도를 열심히 걸어 다니고 재활을 충실히 한 이유는 단 하나였다. 수술을 받은 그

주 주말인 토요일에 결혼식 사회가 예약이 되어 있었기 때문이었다. 수술 받기 전에 미리 이야기를 해서 양해를 구할까 생각도 했었다. 하지만 약속을 지키고 싶었고 무엇보다 마이크를 너무 잡고 싶었다. 마침 웨딩홀이 병원에서 그리 멀지 않은 곳에 있었다. 허리 수술을 받고 며칠밖에 안 되었기 때문에 머리를 숙이는 동작은 할 수 없었다. 머리도 감을 수 없고, 심지어 서서 양치질 하는 것도 버거웠다. 그래서 간이 병상 침대를 욕실로 가져가서 나는 누워있고 간병해 주시던 아버지께서 머리를 감겨 주셨다. 그리고 허리 보호대를 와이셔츠 안에 숨기기 힘들 정도로 꽉 조여서 찼다. 혹시 삐끗하면 위험할 수 있기 때문에 허리 보호대를 최대한 조여서 찼다.

그렇게 택시를 타고 결혼식장으로 갔다. 수술 받고 5일 밖에 되지 않았지만 조심스럽게 움직일 만했다. 결혼식 진행하면서 다른 것들은 크게 불편하지 않았는데 가장 힘들었던 것은 소리를 크게 내는 것이었다. 결혼식을 진행하다 보면 평상시 말하는 것보다 크게 소리를 내야 할 때가 많은데 허리가 아프다 보니 소리를 낼 때마다 허리에 통증이 느껴졌다. 그래도 꿋꿋하게 서서 신랑, 신부를 축하하는 마음을 담아 밝은 표정으로 잘 마쳤다. 그리고 아무 일 없었다는 듯이 다시 병원으로 돌아와서 병상에 누웠다.

한여름이라 날씨는 덥고 좀 힘들긴 했지만 무대에 서고 싶은 간절한 나의 마음이 있었기에 허리 통증을 쫌은 견딜 수 있었다. 그 정도로 마이크를 잡을 때가 가장 나다운 순간이고 행복하고 좋다.

5. 내가 경험하지 않은 세계에 사는 사람의 이야기를 듣는 것

나는 호기심도 많고 궁금한 것도 많은 편이다. 여러 궁금하고 관심이 있는 것 중에 사람 구체적으로 사람들의 인생에 관심이 많다.

예를 들면 이색적인 직업을 가지고 있는 사람, 내가 아직 가보지 않은 지역에 살고 있거나 가봤던 사람, 그 외에 관심이 가는 이력이 있는 사람 등 지금껏 내가 경험해 보지 못한 세계를 궁금해 하고 무척 알고 싶어 한다. 그런 사람들을 만나면 궁금한 것들을 질문한다.

그렇게 대화하며 몰랐던 사실을 알게 되면 그것이 거창한 게 아니더라도 마치 굉장한 사실을 알게 된 것 같은 기분이 들기도 한다.

일례로 몇 년 전 친목 모임에 나간 적이 있었다. 그 모임에서 이런 저런 대화를 나누다 카지노에서 근무하는 분과 대화를 나누게 되었다. 여러 흥미로운 이야기를 들었지만 지금도 기억나는 이야기가 있다. 카지노 직원들이 고객들에게 받은 팁은 자신이 바로 가져가지 못한다는 것이다. 식당 같은 경우 고객에게 받은 팁은 직원이 바로 가지는 경우가 많은데 카지노는 가져갈 수 없다고 한다. 더구나 카지노 내에는 카메라가 워낙 많아서 몰래 주머니에 넣을 수도 없다.

그렇게 직원들이 받은 팁은 모두 모아서 정해진 날짜에 공평하게 배분한다고 한다. 본인이 팁을 많이 받았든 적게 받았든 상관없이 공평하게 나눈다는 것이다. 누군가에게는 듣고 나면 기억하기 힘든 별거 아닌 이야기일 수 있는데 내겐 신선했다. 그 이야기를 듣고 평소에 궁금했던 카지노에는 거울, 창문, 시계가 없는지도 물어 보았다. 그 분은 실제로 카지노에 3가지가 없다고 알려주었다.

이처럼 누군가는 그냥 지나치기 쉬운 것들 일 수도 있지만 나는 몇 년이 지난 지금도 이 대화를 나눈 장소까지 선명하게 기억하고 있다.

또 기억에 남는 만남은 2016년 봄이었다. 당시 나는 서울에 살고 있었는데 제주도를 한 번도 여행해본 적이 없었을 때였다. 제주도에 가보고 싶어서 비행기 표와 렌터카 예매만 하고 제주 여행을 떠났다. 숙소는 다양한 사람을 만나보고 싶어서 서귀포에 있는 한 게스트하우스에 묵었다.

그곳에서 인도에서 여행 온 친구와 함께 방을 쓰게 되었다. 하루 종일 돌아 다녀서 피곤했지만 생전 처음 본 인도 친구가 궁금했다. 그래서 잘 못하는 영어와 바디랭귀지로 어디서 왔는지, 어떻게 제주를 여행 오게 되었는지, 어떤 일을 하는지 등을 물어봤다. 그 친구는 친절하게 대답해 주고 나에 대해서도 물어봐 주었다.

그렇게 바디랭귀지를 섞어 가며 짧은 영어로 웃으면서 한참을 이야기했다. 그 친구는 미국 실리콘밸리에서 일하고 있다고 했다. 미디어를 통해 본 실리콘밸리와 실제 모습의 실리콘밸리가 궁금해진 난 그 친구에게 또 짧은 영어와 바디랭귀지로 이것저것 물어봤다. 그때 인도 친구와의 짧은 만남이 지금도 기억에 선하다.

세상은 넓고 다양한 성향을 가진 사람들이 이 세상에서 살고 있다. 언제가 될지는 잘 모르겠지만 특색 있는 직업을 가진 사람, 소소하더라도 자신만의 스토리가 있는 사람, 다른 사람들에게 소개해 주고 싶은 삶을 살고 있는 사람들을 만나서 인터뷰를 해보는 작업을 해보고 싶다.

• • •

'척'
하지 않고
살기

　나답게 살고, 자신이 무엇과 잘 맞는지 알면서
살기 위해서는 필요한 것이 있다.

　바로 자신이 어떤 '척'을 많이 하는지 알아야
하고 좋지 않은 척은 가급적 하지 않는 것이다.

　사람은 자신의 약한 모습, 남에게 보여주고 싶
지 않은 단점을 감추기 위해 자신만의 '척'을 할
때가 있다. 자신의 약점을 다른 사람에게 보이지
않고 싶은 마음은 인간의 당연한 마음일 것이다.
그런 모습을 감추기 위해 자신만의 화려한 옷을
입는 경우도 있을 것이다. 화려하게 입은 옷 안

에 자신이 초라하다고 생각하는 모습이나 남에게 보여주기 싫은 모습을 더욱 깊숙이 밀어 넣고 있는 것은 아닌지 한번쯤 생각해볼 필요가 있다. 용기는 그런 자신의 모습과 정면으로 마주하는 것이 두렵고 힘들지만 마주하는 것이다.

나는 화려한 포장지로 포장하기 급급한 사람보다는 진솔하고 담백한 사람을 무척 좋아한다. 내가 생각하는 담백한 사람이란 소위 잘난 척, 아는 척, 있는 척, 멋있는 척, 술 잘 먹는 척, 괜찮은 척 등의 '척'을 하지 않으려고 노력하는 사람을 말한다. 물론 자신도 미처 의식하지 못한 순간에 '척'을 할 수도 있다. 나 또한 예외는 아닐 수 있다. 척을 가능한 한 안하려고 나름 노력하지만 무의적으로 할 때도 있었을 것이다. 그래도 가급적 몸의 힘을 빼고 좀 더 담백해지려고 한다.

'척' 중에 술에 대한 자부심이 강한 사람은 공감할 수도 있을 것이다. 바로 술을 많이 마실 줄 아는 주량(酒量)으로 서로 지지 않으려는 것이다. 먼저 취하지 않고 끝까지 술을 먹는 것이 마치 승리한 것처럼 여겨지는 경우도 있다. 술을 잘 못 먹더라도 사회생활을 하다보면 술자리에

참석하는 경우가 있다. 그리고 일적으로 만난 자리라든가 누군가를 처음 만나는 어색한 상황이라면 술이 금방 친해질 수 있는 역할을 할 때도 있어서 좋은 점도 있다. 술을 마시는 것은 좋은데 경쟁적으로 누가 술을 더 잘 먹는가 하는 경우가 생기면 예상치 못한 사고가 발생할 수도 있다. 그래서 주량을 과시하거나 잘 먹는 '척'은 자제할 필요가 있다.

나는 여러 '척' 중에 괜찮은 척을 좀 했던 것 같다. 힘든데 겉으로는 괜찮다고 말하고, 누군가의 말에 상처 받았지만 나 스스로에게 괜찮은 척하며 외면하고 넘어간 적도 많았다. 그러다 보니 어느 순간부터 내 마음속이 썩어간다는 느낌을 받을 때가 있었다. 겉과 속마음이 많이 다르다보니 어쩌면 자연스러울 수도 있었을 것이다.

혹시 스스로에게 상처 받지 않은 척, 아무렇지 않은 척하며 자신을 더 힘들게 하는 건 아닌지 진솔하게 자신의 속마음을 들여다 볼 필요가 있다. 자신의 속마음을 진솔하게 들여다보지 않으면 자칫 우울해지고 멘탈이 깨지는 상황을 겪을 수도 있다. 그것이 깊어지고 계속 반복되다보면 전문가에게 상담을 받아야 한다.

　다른 누구를 위해서가 아니라 자신을 위해서라도 괜찮은 '척'을 비롯한 건강하지 않은 여러 '척'은 가능한 한 하지 않는 것이 좋다. 자존감은 잃지 않고 자신감 있게 살되 불필요한 '척'을 하지 않으면서 진정 자기다운 모습으로 살길 바란다.

●●●

쉼은
뒤처지는 시간이
아니다

　우리는 치열한 경쟁사회 속에 살아가고 있다. 학생은 좋은 성적을 받기 위해 경쟁을 하며 열심히 공부한다. 그리고 일하는 현장에 있는 사람은 열심히 일하고, 남들과 치열하게 경쟁하며 산다.

　우리나라 사람들은 정말 열심히 살고, 스트레스에 시달릴 정도로 또 치열하게 경쟁한다. 특히, 취업을 준비하는 사람들을 만나 대화를 해보면 학점관리, 자격증 취득, 자원봉사, 어학공부 등 성실하게 최선을 다해서 준비하는 사람들을 만날 때가 많다.

대단하다며 감탄하는 한편으로는 취업준비하며 받는 스트레스로 건강에 문제가 생기지 않을까 염려가 되기도 한다. 그런 사람들을 만나면 열심히 준비하는 것을 알기에 차마 하기 어렵지만 해주고 싶은 말이 있다. 열심히 준비하는 것도 좋지만 잘 쉴 줄 알아야 한다는 것이다.

무작정 쉬어야 한다는 말은 아니다. 열심히 공부하는 것도 중요하지만 건강을 위한 쉼은 반드시 필요하다. 쉼은 낭비되는 시간이 결코 아니다. 또 남보다 뒤처지는 시간도 아니다. 우리 삶에 있어 꼭 필요한 시간이다. 발전하지 않는 느낌이 들다가 쉼을 통해 진일보 할 수도 있다. 운동할 때 근육이 커지는 때는 운동을 하는 순간이 아니라 운동을 마치고 쉴 때다. 쉬는 동안 영양 보충도 잘 해주고 충분히 쉬어 주어야 근육이 제대로 커진다. 충분히 쉬지 않고 운동만 열심히 하다가 오히려 몸에 무리가 오듯이, 제대로 쉬지 않고 일하다 어느 날 번 아웃 증후군이 와서 극도로 피곤함을 호소하고 무기력해지는 경우도 볼 수 있다. 거기까지 가면 심각한 상황이 된다. 그렇게 되지 않기 위해서라도 잘 쉬어야 한다.

때론 잘 쉬는 것이 열심히 사는 것보다 중요하다. 예전에 나는 투잡을 많이 했었다. 특히, 초창기 행사 사회 일을 하던 시절에는 사회자 페이가 적었기 때문에 생계를 위해서 상대적으로 시간을 유동적으로 활용할 수 있는 일을 했었다. 마트에서 배달을 하거나 새벽에 우유배달, 보험 영업사원 등 행사 일을 하는데 시간적으로 부담이 덜한 일을 했었다. 다른 일은 할만 했는데 새벽에 우유배달 하는 일은 녹록치 않았다.

당시에는 내 소유의 차나 오토바이가 없어서 자전거로 배달을 했다. 내가 일했던 곳은 보통 새벽 3시에 가면 당일에 배달해야 되는 우유가 분류되어져 있었다. 다행히 배달하는 곳과 가까워서 그것을 자전거 뒤에 싣고 각 집마다 우유주머니나 문 앞에 배달을 했다. 하필 처음 시작할 때가 추운 1월 이었다. 영하의 날씨에 자전거를 타고 달리면 손과 발이 얼 것 같았다. 장갑을 두세 겹 껴도 소용없다. 너무 추워서 손과 발끝을 자르고 싶을 정도였다. 그렇게 추운 날 자전거 뒤에 우유박스를 싣고 가다 빙판길에 넘어지기라도 하면 아프고 속상해서 헛웃음도 안 나온다. 그래도 젊은 사람이 고생한다며 음료수나 간식을 주는 사람을 만나면 정말 큰 힘이 되었다.

그 시기에 가슴에 희망을 가지고 살았지만 쉼이 없었다. 쉬면 안됐고 쉬는 방법도 잘 몰랐다. 내게 무엇을 해줘야 진정한 쉼인지 잘 몰랐던 것이다. 나름의 여러 시행착오를 거치며 내가 가슴 속에서부터 진심으로 하고 싶은 것, 좋아하는 것, 사랑하는 것을 하는 것이 진짜 쉬는 것이라는 것을 알았다. 잠을 충분히 자고, 맛있는 음식을 먹고, 재밌게 노는 것도 휴식이다. 하지만 그것만이 쉬는 것은 아니다. 장기적으로 봤을 때 자신에게 유익한 것은 진정으로 자신이 사랑하는 것을 하는 것이다.

여러분이 진정으로 사랑하는 쉼(것)은 무엇인가?

● ● ●

나의
기본값

　어떤 이유 때문인지는 정확히 모르겠지만 서울에서 살 때 나의 감정상태가 그리 건강하지 않았던 것 같다. 마천루, 공해, 운전하기 피곤한 교통상황, 여유가 없는 생활 등 여러 요소로 인해 감정이 요동칠 때도 있었고, 하루에도 몇 번씩 기분이 왔다 갔다 했던 적도 있었다.

　그런데 신기하게도 그런 감정들은 제주도에 살면서 눈에 띄게 좋아졌다. 제주도는 하늘을 가리는 높은 빌딩이 없고, 탁 트인 시야, 좋은 공기가 큰 도움이 된다. 그리고 서울 살 때는 큰 스트레스였던 주차 문제나 교통 체증도 거의 없다. 그래서 제주는 내가 슬로우 라이프를 실천하기에 안성맞춤인 곳이다. 외부적인 요인들로 스트레스를 받는 경우가 현저하게 줄어들면서 나의 내면에 더 집중할 수 있게 되었다.

우리가 아는 말 중에 기본값이라는 말이 있다. 기본값은 전산 응용 프로그램에서 사용자가 별도의 명령을 내리지 않았을 때, 시스템이 미리 정해진 값이나 조건을 자동으로 적용시키는 초기 상태의 값이다. 일상생활에서 보다는 보통 컴퓨터 관련 분야나 전자 기기 관련 분야에서 많이 사용되는 용어라고 할 수 있다. 이 기본값을 사람에게 적용해 보면 한 사람의 기본적인 정서, 상태, 감정 이라고 할 수 있다. 사람마다 기본값은 다를 것이다.

이 기본값에 영향을 주는 요소는 어린 시절 가정환경, 가치관, 직업, 만나는 사람들 등이다. 그렇다면 여러분의 요즘 기본값은 어떤가? 앞으로 추구하고자 하는 기본값은 무엇인가? 내가 추구하는 기본값은 차분함과 평온함이다. 이 기본값은 일상에서의 기본값이다.

일할 때는 일의 성격에 맞게 유연하게 바뀔 줄

아는 사람이 되려고 한다. 하지만 기본적으로 자연인 임영진은 평온함이라는 기본값을 추구한다. 사람을 만났을 때 떠들썩한 것도 좋지만 편안하게 이야기 할 수 있는 분위기를 좀 더 좋아한다. 그렇게 편안한 분위기에서 만나면 내가 하는 일과 매치가 안 된다고 말하는 사람도 있다. 일적인 측면 때문이라도 남에게 웃음을 주기 위해 무언가 많이 할 것 같다고 말하는 사람도 있다. 그래서 다른 사람들의 생각대로 누군가와 함께 있을 때 일부러 재밌는 분위기를 만들어 보기도 해봤다. 그런데 그럴 경우 계속 그렇게 하기 위해서 나의 기본값 이상의 에너지와 감정을 써야했다.

나의 기본값은 차분함과 평온함에 맞춰져 있는데 계속해서 기본값 이상의 에너지와 감정을 쓰다 보면 과부하가 걸릴 수도 있다. 그렇게 기본값 이상의 에너지와 감정을 쓰고 나서 혼자 있게 되면 더 다운되고 공허함이 마음 한쪽부터 천천히 올라온다는 것을 알게 되었다. 그런 과정을 통해 나의 기본값을 알게 되었다. 나의 기본값은 차분함과 평온함이구나. 이 기본값이 편안해지고 가장 나다운 상태라는 것을 알게 되었다.

그렇게 나의 기본값을 알게 된 이후로는 일상에서는 기본값을 깨면서까지 필요 이상으로 무언가를 하려고 하지 않는다. 그리고 최소한 편한 사람에게는 자연스러운 나의 기본값으로 대하려고 한다. 자신이 평상시에 에너지 넘치는 것이 기본값이라면 그것을 자신의 기본값으로 해서 살고, 원래 좀 차분한 사람이라면 차분함을 기본값으로 가지고 사는 것이 좋다. 그러기 위해서는 먼저 자신의 기본값을 제대로 알 필요가 있다. 그래야 정신적으로 지치지 않고 건강하게 자신과 잘 지낼 수 있다.

...
남을
바꾸려고 하지
말자

삶은 자신이 이해하고 수용한 만큼만 살 수 있다. 사람이라는 존재보다 세상이 더 넓기 때문에 사람은 세상의 모든 것을 알 수 없고 볼 수도 없다.

자신의 관점에서 봤을 때 타인도 또 하나의 다른 세상이다. 그래서 다른 사람에 대해 모든 것을 알 수 없고 볼 수도 없다. 그래서 인간은 자신이 이해하고 받아들이는 크기만큼의 세상만 보이는 것이다. 자신이 진정으로 이해하지 못하고 받아들이지 못하는 부분은 마치 우주처럼 미지의 세상이 되는 것이다.

자기 자신도 바꾸기 어려운데 본인과 전혀 다른 세상인 누군가를 과연 바꿀 수 있을까? 타인을 자신의 마음에 들도록 바꾼다는 것은 마치 자신이 세상을 다 알고 있다고 생각하는 것과 같은 어리석은 행동이라고 생각한다. 타인을 바꾸기 위해 시간과 에너지를 쏟는 대신 자신의 삶은 자유롭게 살되 남은 바꾸지 않겠다는 마음으로 사는 것이 현명한 방법일 것이다.

자신의 마음에 들도록 타인을 바꾸려고 하는 건 이기적인 생각이다. 차라리 그 시간과 노력을 본인이 좋은 방향으로 바뀔 수 있도록 자신에게 쓰는 것이 나을 것이다. 누구나 타인과 교류하다 보면 내 마음에 드는 부분이 있고 그렇지 않은 부분이 있다.

가족이나 오랫동안 만난 친구라 해도 본인의 마음에 100% 들 수는 없다. 어떤 관계든 자신의 기준에 맞게 상대방을 바꾸려 하지 않는 것이 좋은 관계를 유지하는 방법이고 사람을 대하는 중요한 자세라고 생각한다.

타인은 나와 다른 것이 지극히 정상이다. 그러니 나와 다름을 인정하고 받아들이고 타인을 바꾸려는 마음을 멈춰야 한다.

...

40세 이전에
자신만의 재밌는 것들을
찾아야 한다

40세가 넘어 가면서 삶이 재미가 없어졌다고
말하는 사람을 심심찮게 본다.

20살이 되면 미성년자 때는 할 수 없었던 것
들을 할 수 있게 된다. 술이나 담배를 해도 제재
당할 이유가 없다. 클럽을 다니며 놀아도 된다.
그렇게 어른들의 문화를 하게 되면서 지내다보
면 20대는 빠르게 지나간다.

그리고 30대까지는 그런대로 보내는 경우가
많은 것 같다. 그러다 40대가 되면서 많은 변화
가 생기는 것 같다. 먼저 건강이 예전 같지 않아

진다. 20, 30대 때부터 꾸준히 운동을 하면서 자기 관리를 했다면 40대가 되어도 건강을 덜 걱정하게 된다. 하지만 불규칙한 생활습관, 술과 흡연, 그리고 운동을 꾸준히 하지 못했다면 40대가 되면서 체력이 크게 떨어지는 느낌을 받을 것이다. 그리고 각종 성인병도 더 신경 써야 할 나이이다. 그리고 40대가 되면서 세상에 대해 흥미가 급격히 줄어드는 되는 경우도 볼 수 있다.

20대부터 재밌게 놀기도 하고, 일도 열심히 하고, 여러 취미 생활을 하면서 개인적인 시간을 가졌다면 결혼, 출산, 육아를 하며 맞이하는 40대 즈음이 되면 더욱 개인적인 시간을 갖기가 어렵다. 그리고 직장에서도 많은 변화가 생기는 시기이다. 요즘 사기업은 40대에 퇴직하는 경우도 많다. 그래서 40대에는 직장에 다니고 있어도 언제까지 다닐 수 있을까? 하는 걱정이 들고, 퇴직을 하고 회사를 나오게 되면 밖은 만만치 않기 때문에 다시 자리를 잡기까지 많은 노력과 시간을 들여야 한다.

이처럼 내, 외적으로 일어나는 여러 상황들로 최근에는 '마흔앓이'라는 말까지 생겨났다. 그래서인지 40대를 어떻게 하면 잘 이겨낼 수 있을지에 대한 관련 책들도 시중에 많이 나와 있는 것을 볼 수 있다. 내가 아는 사람 중에는 매주 로또복권을 사서 1등 당첨되면 직장 바로 그만 두겠다고 입버릇처럼 말하는 사람이 있었다. 하지만 로또복권 1등에 당첨 되는 것이 쉬운 일도 아니고 설사 당첨 된다고 해도 꼭 좋은 것만도 아닌 것 같다. 가끔 뉴스에 로또복권 1등에 당첨되고 오히려 가정이 파탄 나고 자신의 인생까지 망치는 경우를 보면 알 수 있다. 그런가 하면 40대에도 유흥과 도박에 빠져 돈과 건강을 모두 잃은 사람들도 있다.

또한 경주마처럼 앞만 보고 너무 열심히만 살다가 어느 날 번아웃(Burn-out)이 돼서 깊은 슬럼프에 빠지는 사람도 생각보다 많이 있다고 한다. 꼭 마흔을 앞두고 있는 사람만 해당되는 것이 아니라 20, 30대부터 자신의 현재 위치와 앞으로 향하고 싶은 방향을 주기적으로 점검해 볼 필요가 있다. 점검하면서 먼저 그동안 성실히 살아온 자신에게 칭찬과 격려를 해주었으면 좋겠다. 그 다음 지금까지 살아오는 동안의 자신을 돌아보고 버릴 필요가 있는 부분은 과감하게 정리하고 자신에게 필요하다고 생각되는 것은 적극 수용해야 한다. 그리고 경제적, 체력적으로 부담이 되지 않는 선에서 자신을 위한 재밌는 것들을 찾아야 한다.

나의 경우를 예로 들어 보겠다. 행사 사회 보는 것은 일이지만 동시에 내 삶의 큰 즐거움이기도 하다. 무대에 서서 마이크를 잡는 시간이 행복하고 즐겁다. 그리고 또 다른 즐거움은 글을 쓸 때이다. 글을 쓰는 것이 마냥 재밌고 쉬운 것만은 아니지만 내안에 있는 여러 감정들을 표현할 수 있어서 좋다. 두 가지는 일이여서 스트레스를 받을 때도 있지만 하고 싶은 활동이여서 즐거울 때가 많다.

일 외적으로는 자연에 있을 때가 가장 편안하다. 자연에서 산책하고 사색할 때 충전되는 느낌을 가장 많이 받는다. 내가 자연에 가는 것처럼 자신이 하고 싶은 활동이 꼭 돈이 많이 들어가지 않아도 좋다. 자신의 마음속에서 진짜로 하고 싶고, 그 행위를 할 때 즐거우면 된다.

당장의 즐거운 것도 좋지만 이왕이면 오랫동

안 할 수 있고 또 건강한 것이라면 40대에 올 수 있는 권태나 심리적 불안감 등으로부터 벗어나는데 많은 도움이 될 것이라고 생각한다. 그리고 이미 40대가 되었어도 결코 늦지 않았다고 생각한다. 시간이 없어서 할 수 없다고 생각하지도 않는다. 외부활동 하는 시간을 좀 줄이는 방법도 있다. 가령 정기적으로 나가는 모임이 있을 수 있다. 그 모임이 어떠한 큰 의미를 가지고 만나는 경우가 아니라면 과감하게 정리 할 필요가 있다. 그리고 그 시간을 자신이 진짜 하고 싶은 것을 하는 시간으로 대체하면 된다.

무엇보다 중요한 것은 자기 자신이다. 본인의 하루, 일주일, 한 달의 스케줄을 점검 한다면 충분히 자신을 위한 시간을 낼 수 있다. 또한, 그 시작이 꼭 거창하지 않아도 괜찮다. 자신이 진심으로 즐겁고 기분 좋은 것이라면 지금 당장 시작했으면 좋겠다.

...

자신에게
소중한 사람
험담하지 않기

험담은 세 사람을 죽인다. 말하는 자, 험담의 대상자 그리고 듣는 자. 마드리쉬의 명언이다.

남 험담을 안 해본 사람은 없을 것이다. 세상에는 다양한 생각과 가치관을 가진 사람들이 존재한다. 오직 자신밖에 모르는 이기적인 사람, 지나치게 이중적인 사람, 포용력 있는 사람, 긍정적으로 생각하며 살려고 하는 사람, 매사 불평불만을 먼저 늘어놓는 사람 등등 정말 다양한 모습과 사고방식을 가지고 살아간다. 언젠가 그런 생각을 진지하게 해 본 적이 있었다. 내가 알고 있는 사람들을 과연 나는 얼마나 깊고 제대로 알고 있을까? 그리고 내가 그 사람들을 알고 있다고 생각하는 것들이 실제로 전부 맞을까? 혹시 그 사람의 전체가 아니라 일부 모습만 보고 임의로 해석해서 그 사람은 이런 사람이라고 단정 지은 것은 아닐까?

자주 보고 가까운 사람이라는 이유로 본인이 많이 알고 있다고 생각 할 수 있지만 실상 많이 모르거나 잘못 알고 있는 경우가 많을 것이다. 어쩌면 상대방의 몇 가지 모습만 보고 그 사람을 정의 내렸을 수도 있다. 아니면 상대방에 대해 깊게 생각하지 않고 만나기 때문에 오히려 가까운 사람일수록 더 모를 수도 있다.

이러한 생각들이 꼬리에 꼬리를 문 끝에 내 나름의 정리를 해보았다. 최소한 가족과 나에게 소중한 사람은 뒤에서 험담하지 않는다. 그리고 가능한 타인을 험담하지 않는다. 그래서 가족이나 내게 소중하다고 생각하는 사람은 가능한 험담하지 않으려고 한다. 일시적인 서운한 감정이나 미운 마음이 들어도 그것을 가지고 다른 사람에게 가서 험담하지 않으려고 한다. 자신에게 소중한 사람에 대해 쉽게 말하고 다니면 결국 자기 얼굴에 침 뱉는 격이다.

험담하는 사람 나름의 이유가 있을 수도 있겠지만 특히, 가족을 너무 쉽게 험담하는 사람은 자칫 신뢰를 잃을 수도 있다. 주변에 습관적으로 주변 사람들을 험담하고 단점을 들추고 자신과 맞지 않다는 이유로 불평, 불만을 늘어놓는 사람이 있다면 가깝게 지내는 것을 깊이 고려해 보라고 말하고 싶다. 왜냐하면 당신이 없을 때 그 험담의 대상이 될 가능성이 높기 때문이다.

나의 경우에는 불합리하거나 비상식적인 경우라고 생각되면 뒤에서 험담하는 대신에 당사자에게 직접 이야기 하는 편이다. 물론 기본적인 예의는 갖춰서 말하려고 한다. 자신이 깊게 생각하지 않고 한 험담이 돌고 돌아서 나중에 더 큰 화살이 되어 자신에게 되돌아 올 수 있다는 사실이 무섭다는 것을 깊이 유념할 필요가 있다.

• • •

진정한
어른이
되자

사람의 나이는 정말 숫자에 불과한 것 같다. 숫자에 불과하다는 말의 의미가 도전하는 것과 관련되기도 하지만, 한 개인의 성숙도와도 관련 있다고 생각한다. 비록 나이가 어려도 스스로를 통제할 줄 알고 사리에 밝으며 타인을 배려할 줄 안다면 그 사람은 성숙한 어른인 것이다.

그런 의미에서 나이가 들었다고 해서 모두 어른은 아니라고 생각한다. 물리적인 시간을 많이 보낸 것보다 더 중요한 것은 그 세월을 어떻게 받아들이며 지나왔느냐에 따라 성숙한 어른이 되기도 하고 소위 말하는 꼰대가 되기도 하는 것 같다. 자신이 힘들게 고생한 끝에 성공이라는 것을 한 후 다른 사람에게도 자신의 방식과 경험을 강요하는 경우를 볼 수 있다. 자신의 귀중한 경험을 알려 주려고 하는 입장에서는 좋은 의도를 가지고 상대가 잘 됐으면 하는 마음에서 그런 것이라고 말 할 수도 있을 것이다. 하지만 전달하는 사람의 입장만큼 중요한 것이 받아들이는 사람의 상황과 입장을 배려 할 줄 알아야 한다. 일방적으로 자기처럼 하면 된다는 식으로 강요 한다든지, 나는 이렇게 해서 해냈는데 똑같이 하는 너는 왜 못하냐고 말한다면 도움을 주는 것이 아니라 관계만 망칠 뿐이다. 그리고 아무리 좋은 마음으로 했다고 해도 그러한 방식은 꼰대라는 이야기를 들을 수 있다. 이런 사례는 꼭 나이가 더 많은 사람들의 이야기에 국한되지 않는다.

직책이나 위치가 상대적으로 높지만 나이는 적은 경우도 많다. 예를 들어 사장은 40대인데 임원들은 50, 60대인 회사도 많다. 또 팀장 같은 관리자는 30, 40대인데 함께 일하는 팀원은 40, 50대인 경우도 많이 존재한다. 꼰대는 상대적으로 나이가 많은 사람이 될 수도 있지만 반드시 그렇진 않다. 중요한 것은 나이나 위치가 아니다. 사고하는 방식이고 타인을 얼마나 배려할 줄 아느냐가 중요한 것이다. 연배가 지긋한 사장이지만 유연한 사고방식을 가지고 있고 함께 일하는 직원들을 배려하며 회사를 경영하는 분들도 많이 있다.

나이나 지위를 막론하고 자신의 생각이 맞으니 상대방은 나의 의견에 따르면 된다는 식의 생각이 결국 스스로를 더 힘들게 만든다. 상대를 이해하고 그 사람의 성향에 맞는 방법으로 가르쳐주는 것도 멋진 방법이다.

사람이 가지고 있는 기본적인 성향은 다르다. 그런데 내가 잘해낸 방식이 반드시 다른 사람에게도 똑같이 적용될 수는 없다. 좋은 선배나 스승은 자신이 알고 있는 노하우를 배우는 사람의 특성이나 성향에 맞게 자유자재로 변형해서 맞춤식으로 가르칠 수 있는 사람이라고 생각한다. 본질적인 콘텐츠는 유지하지만 그것을 표현하는 방식, 구현해내는 방법을 배우는 사람에 따라 자유자재로 가르칠 수 있는 사람은 자기 분야의 고수라고 생각한다.

　진정한 어른이라는 말은 나이가 많거나 지위가 높은 것과 항상 같은 의미는 아닌 것 같다. 또 나이가 들었다고 해서 꼭 지혜롭고 현명해지는 것도 아닌 것 같다. 반대로 나이가 적다고 해서 꼭 현명하지 않은 것도 아니다. 지혜는 경험의 횟수와 관련이 있을 수도 있지만 자신이 겪은 경험을 통해 스스로를 성찰하고 발전하는 방향으로 변화하려는 자세가 있을 때 더 잘 생기는 것 같다.

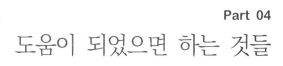

Part 04

도움이 되었으면 하는 것들

...

보여주기 위해 사는 삶
VS
온전한 자신의 삶

현대인들이 하루 중 많은 시간을 함께 보내는 게 바로 스마트폰일 것이다. 그 중 SNS는 우리 삶의 일부가 되어 버렸다. SNS를 보고 있으면 소소한 일상부터 취미, 일과 관련된 마케팅, 각종 정보 등 엄청난 양의 내용들이 차고 넘친다. 나도 SNS를 시작한지 2년 정도 됐다.

원래는 관심이 없어서 하지 않았는데 막상 하다 보니 생각보다 많은 시간을 할애 하고 있는 내 모습을 발견하곤 한다. 인스타그램이나 페이스북 같은 SNS는 마치 자신을 예쁜 포장지에 포장해서 세상에 보여주기 위한 도구 같다.

그래서 사람들은 좀 더 예쁘고 매력적인 모습으로 보이기 위해 보정을 하기도 하고, 조명도 설치하고, 예쁘게 찍히는 장소와 각도에서 촬영을 한다.

SNS를 하면서 우리 삶도 SNS와 비슷한 것 같다는 생각이 들었다. 실제 살고 있는 자신의 삶과 SNS에서 보여주는 삶이 비슷한 사람도 있다. 반면 SNS에 화려하고 남들이 부러워할 만한 모습 위주로 편집해서 올리는 것처럼 삶도 남들에게 보여주기 위해 사는 것 같이 사는 사람이 있다.

사람은 누구나 초라하다고 생각하거나 마주하고 싶지 않은 모습보다는 좋은 모습, 남에게 보여주고 싶은 모습, 성공한 모습을 보여주고 싶어 한다. 나는 타인과 세상에 보여주고 싶어서 소위 성공이라고 하는 것을 하고 싶었다. 그러면 행복하기만 할 것 같았고, 공허함이나 외로움이 없는 삶이 펼쳐질 것만 같았다. 또 내가 정해 놓은 사람보다 더 잘 되고 싶어서 필요이상의 포장지로 나를 과대포장 하려고도 했다. 근데 나의 경우에는 그렇게 하면 할수록 도리어 일이 잘 안 풀린다는 느낌을 강하게 받았다.

세상에는 매우 열심히 살지만 행복하지 않고 외로움과 공허함에 시달리는 사람들이 많다. 또 타인이 봤을 땐 성공했다고 하지만 정작 본인은 엄청난 스트레스, 불안감, 불면증으로 힘들어 하는 사람도 있다. 그런 사람들을 가까이에서 보면서 내가 삶의 방향을 잘못 잡고 가고 있다는 결론에 도달했다. 마치 조정대회에 나가서 열심히 노를 저었는데 뒤돌아보니 레인을 이탈해서 엉뚱한 방향으로 나아가고 있는 느낌과 같다고 할 수 있다.

그래서 이젠 남에게 보여주기 위한 삶보다는 나 스스로 충족감이 드는 삶을 사는 쪽으로 방향을 잡았다.

실제 자신의 모습보다 지나치게 꾸며서 SNS에 올리는 것처럼 남들에게 보여주기 위한 삶보다는 온전히 자신의 삶을 살았으면 좋겠다.

● ● ●

사회
초년생
에게

나는 호기심이 많은 편이다.

그래서 여태껏 한 번도 접해보지 못한 생소한 직업을 가지고 있는 사람을 만나면 궁금한 것에 대해 여러 질문을 하곤 한다. 가령 그 일을 하게 된 계기, 수입, 고충, 일하면서 좋은 점 등등이다. 어쩌면 그러한 나의 태도가 나를 계속해서 새로운 세계로 인도하는 것 같다.

지금까지 했던 일들 중 처음에는 호기심과 궁금증에서 출발했고 그러다 만난 사람들과 대화를 통해 정보를 듣고 일하게 된 경우도 많다.

20살에 처음 사회에 나왔을 때 어른들의 세계에 혼자 내던져진 느낌을 받았다. 마치 지도도 없이 큰 미로에 들어가서 출구를 찾아야만 하는 것 같은 기분이었다. 새로운 환경이 낯설고 모든 것에서 서툴기만 했었다. 사회초년생 시절을 지나온 많은 사람들도 나와 비슷한 경험을 했을 거라고 생각한다.

하지만 미로 안에 던져졌다고 해서 가만히 있을 수만은 없다. 주변 사람들에게 출구로 가는 정보도 얻고 필요하면 서로 협력하며 출구로 나가야 한다.

이 글을 읽는 분 중에 사회초년생인 분이 있다면 새로운 직장이나 상황에서 느끼는 낯선 환경이 많이 어색할 것이다. 그리고 무엇부터 해야 할지 몰라서 갈팡질팡 할 수도 있다. 사회에 새로운 첫발을 내딛는다는 건 인생의 본 게임을 시작하는 것과도 같다. 과거의 성적표는 덜 중요하고 새롭게 다시 시작 할 수 있다. 그러니 움츠러들 필요도 없고 당당하지 않을 이유 또한 없다.

자신을 믿고 천천히 걸어갔으면 좋겠다. 서두르지 않아도 된다. 때로는 세상 때문에, 다른 사람 때문에, 자기 자신 때문에 무너지고 쓰러질 때도 있을 것이다.

그럴 때 조급하게 다시 일어나서 무리하게 뛰기보다는 잠시 하늘도 보고 주변의 풍경도 보며 자신을 충분히 추스른 다음 다시 걸으면 된다. 자신의 삶이 언제 어떻게 바뀔지는 아무도 알 수 없다. 다만 호기심은 잃지 않았으면 좋겠다.

호기심이 없고 궁금한 게 없다는 것은 여러분 내부에서 위험을 알리는 신호이다. 이럴 때는 먼저 자신의 내부에서 보내는 신호를 알아차리는 게 중요하다. 그렇게 스스로 자각 했다면 호기심이라는 안테나를 항상 세우고 자신이 향하고 싶은 세계에서 보내는 신호를 받기 위한 노력을 계속했으면 한다.

처음에는 그 신호가 약해서 받기 쉽지 않을 수도 있다. 하지만 꾸준히 자신이 향하고 싶은 세계로 가기 위해 한 걸음씩 나아가야 한다. 평범한 말일 수도 있지만 꾸준함이 정말 중요하다고 생각한다. 포기하고 싶을 때도 있을 수 있다는 걸 잘 안다. 나도 포기했던 적이 많았다. 지금 내가 사랑하는 일을 하면서도 내려놓고 싶을 때도 많았다.

이 책은 150곳이 넘는 출판사에 일일이 전화한 후 이메일 주소를 받아서 원고를 보내는 과정을 거쳐 세상에 나오게 된 책이다. 책을 쓰는 과정도 쉽진 않았지만 나오기까지 몇날 며칠을 출판사에 연락하고 또 연락했다. 그만큼 책을 내고 싶었고 많은 거절에도 포기하지 않고 계속해서 시도한 끝에 감사하게도 좋게 봐주신 출판사 덕분에 출간할 수 있었다.

사회초년생이라면 기회는 충분히 있다. 자신이 원하는 것을 이룰 때까지 꾸준함을 잃지 않았으면 한다. 분명 여러분의 가치를 알아봐주는 날이 올 거라고 나는 믿는다.

합리적인
사람이
되자

　우리가 보는 TV안에는 LED, LCD, PDP 등이 일반적으로 사용되고 있다. 그래서 TV 화면 모양이 평면인 것이다. 현재는 이런 종류의 TV가 대부분이지만 2004년 내가 TV를 만드는 회사에서 일할 때에는 화면이 라운드 모양인 브라운관 TV도 꽤 생산했었다.

　나는 브라운관 TV를 만드는 생산 현장에서 근무했었다. 여러 생산 파트 중에서도 작업 중에 불량이 나면 다시 사용할 수 있도록 재생, 수리하는 파트에서 근무 했었다. 이 회사 이외에도 몇 차례 더 직장 생활을 한 경험이 있다.

회사는 다양한 지역과 문화를 경험한 사람들로 구성된 집단이다. 현재도 회사나 조직에 이런 문화가 남아 있는지 잘 모르겠지만 내가 회사생활 했던 곳에는 패거리 문화가 있는 곳이 많았다. 보통 특정 인물을 중심으로 자기 라인을 만들거나, 출신 지역이나 학교 동문 등 같은 공통분모가 있는 사람들끼리 모이는 경우가 대부분이었다. 자신과 공통점이 있는 사람들과 모이는 것이 사람의 특성이기에 패거리를 만드는 것이 자연스러울 수도 있다고 생각은 한다. 회사에 막 입사한 입장에서 봤을 때 세력이 강한 패거리에 들어가면 회사 생활하는데 여러 도움이 될 거라 생각 할 수도 있을 것이다.

그렇지만 나는 어느 패거리에도 들고 싶지 않았고 실제로 그렇게 했다. 예전에 어느 회사에서 근무했을 때의 일이다. 그곳은 이미 나름의 패거리 문화가 뿌리 깊게 형성 되어 있었고, 그 골이 상당히 깊어 내부적으로 단합하거나 탄탄한 조직을 이루기에는 요원해 보였다. 그런 경우 회사 차원에서 아무리 혁신, 고객중심, 변화와 같은 구호를 외친다고 해도 밑 빠진 독에 물붓기와 같다. 말 그대로 말 뿐인 외침인 것이다.

회사는 내부 구성원의 협력과 조화가 무엇보다 중요하다. 조직 내부에서부터 지나친 경쟁과 싸움은 결국 조직 전체에 피해를 줄 뿐이다. 회사 내부부터 조직력이 탄탄하게 다져져야 외연을 확장할 수도 있고, 정글 같은 사회에서 살아남는 원동력이 될 수 있다. 아무리 외연을 확장하고 직원 수가 많아도 내부에서 건강한 문화 없이 썩어가기 시작한다면 모든 것은 무의미해진다.

패거리 문화는 대개 소모적이고, 심할 경우 조직이 와해되는 경우까지 생길 수 있다. 내가 패거리 문화에 속하지 않은 데에는 나름의 여러 이유가 있었지만 무엇보다 패거리 문화에 끼여 구성원 각자가 소모하는 에너지, 감정, 시간들이 아깝다는 생각을 했다. 그렇게 소모되는 시간, 에너지, 감정 등을 개인의 발전을 위해 쓰는 것이 현명하다고 생각했다. 그렇게 되면 개인의 성장뿐만 아니라 회사에도 도움이 될 것이다.

현재 나는 직장 생활을 하지 않고 있다. 직장 생활을 하다보면 불필요하게 소모될 수 있는 시간, 에너지, 감정을 내가 하고자 하는 일에 쓸 수 있어서 좋다. 자신의 인생은 회사도, 그 누구도 대신 책임져 주지 않는다. 결국 스스로 자신을 책임져야 한다. 일시적으로 누군가 도와주고 이끌어 줄 수 있을지는 몰라도 평생 그렇게 해줄 수는 없다. 그래서 회사 생활을 시작할 때부터 자신에게 건강하지 않은 문화는 비판적으로 받아들일 필요가 있다.

요즘 회사를 다니고 있는 사람들과 대화를 해 보면 조직 문화가 한층 유연해지고 개인의 자율성도 많이 보장해 준다는 느낌을 받을 때가 많다. 개인적으로 좋은 현상이라고 생각한다. 개인과 조직 전체를 위해서 비합리적인 문화는 근절되어야 한다.

회사도 소모적인 패거리 문화로 인해 균형과 조화를 잃으면 안 되는 것처럼 개인도 한 쪽으로 지나치게 치우치면 불편과 피해를 주게 된다.

중용(中庸)과 톨레랑스(tolerance)라는 말이 있다. 중용(中庸)은 지나치거나 모자라지 아니하고 한쪽으로 치우치지도 아니한, 떳떳하며 변함이 없는 상태나 정도를 말한다. 톨레랑스(tolerance)

는 나의 생각과 신념이 중요한 만큼 타인의 것 역시 똑같이 소중하므로 그것을 존중해줘야 한다는 의미이다.

사람마다 얼굴 형태가 다르고 성격도 각각 다르다. 생각도 다양하고 삶의 방식과 가치관도 다를 수 있다. 다름을 인정하지 않고 한 쪽으로 지나치게 치우치면 회사든 개인이든 위태로워질 수 있다. 그래서 필요한 인재상이 합리적인 사람이라고 생각한다. 자신과 다름을 인정해보려고 하고 다른 사람의 생각이나 의견도 자신의 생각과 의견만큼 존중 받아야 한다. 이것은 말뿐이면 안 되고 실질적으로 이루어져야 한다.

언젠가 식사 자리에서 만난 어느 분이 그런 말을 한 적이 있다. 본인이 생각했을 때 성공하려면 약간 이기적인 같은 면이 필요한 것 같다는 말이었다. 그분 말은 자신이 성공하고 잘 되려면 다른 사람의 상황을 충분히 이해해 주고 배려해 주면 안 된다는 것이다. 자신에게 도움이 된다면 다른 사람의 의견을 받아들이기는 해야 하지만 자신이 맞다고 생각하고 이익이 된다면 다른 사람에게 좀 피해를 주고 힘들게 하더라도 앞을 보고 강력하게 밀어 붙여야 한다는 것이다.

그 이야기를 듣고 이런 사고방식으로 살아가는 사람도 있구나 하는 생각이 들었다. 이처럼 자신이 잘되기 위해 앞, 뒤 가리지 않는 사람들을 보면 안타깝다.

자신의 이익이 중요하고 존중 받아 마땅한 존재이듯 타인의 이익도 중요하고 존중 받아야 할 존재이다. 자신이 잘 되기 위해서 이런 저런 노력을 하는 것은 좋지만 타인에게 피해를 주는 것은 지양해야 한다. 또 자신만의 입장과 이익만을 생각하기 보다는 함께 일하는 동료, 가족, 친구 등 상대방의 입장도 함께 생각 할 줄 아는 합리적인 사람이 되어야 한다.

· · ·

나에게 일어난 일은
좋은 것도 아니고
꼭 나쁜 것도 아니다

　나에게 일어난 일은 좋은 것도 아니고 꼭 나쁜
것도 아니다.

　이 말은 유튜브로 법륜스님의 즉문즉설을 보
다가 알게 되었다. 처음 들었을 때에는 좋은 일
은 당연히 좋은 것이고 나쁜 일은 당연히 안 좋
은 일 아닌가? 하는 생각이 들었다.

　그런데 스님의 말씀을 몇 번 더 듣고 곰곰이
생각하고 나니 이해가 되었다. 좋은 일이 생기면
누구나 기분이 좋을 것이다. 그런데 그 일이 끝
까지 좋게 마무리 되면 좋겠지만 그렇지 않은

경우도 있다. 처음엔 좋았지만 중간에 어떤 변수가 발생해서 결국에는 안 좋은 결과로 끝나는 경우가 있다.

작년에 한 업체와 계약을 맺고 글을 기고한 적이 있었다. 글쓰기는 어렵고 힘든 점이 있긴 하지만 그래도 내가 쓴 글이 출판물로 나오고 원고료도 받게 되어서 즐겁게 일했다. 그래서 열심히 현장에 가서 취재도 하고 독자들이 더 쉽고 편안하게 읽을 수 있도록 어떻게 하면 더 잘 쓸 수 있을까 고민도 하며 글을 썼다.

그렇게 글을 써서 보냈고 내 글이 지면에 실린 책자를 보면 좋았다. 그렇게 한 달 두 달 즐겁게 글을 써서 보냈는데 문제가 생겼다. 업체 측에서 내 글이 좋다고 해서 영어로 번역까지 해가며 지면에 실었는데 업체의 잘못으로 더 이상 그 업체를 신뢰 할 수 없게 된 것이다. 몇 차례 대화를 했지만 해결되지 않았다. 결국 그곳과는 더 이상 함께 일을 할 수 없게 되었고 정리를 했다.

글 쓰는 것 자체가 재미있고 내가 쓴 글이 책자에 실린다는 사실이 좋아서 한두 번은 그냥 넘어갔다. 그런데 업체는 문제를 해결하지 않고 변명만 늘어놓으며 지속적으로 신뢰를 떨어뜨렸다. 그래서 기고를 안 하기로 결정한 것이다. 처음에는 글을 쓴다는 사실이 즐거워서 열심히 취재하고 글을 쓰곤 했는데 어느 순간 그 모든 것들이 큰 스트레스가 된 것이다. 즐겁던 글쓰기가 점점 재미가 없어졌고 하마터면 다시는 글을 쓰지 않게 될 뻔 했다.

그때 법륜 스님의 즉문즉설에 나온 '나에게 일어난 일은 좋은 것도 아니고 꼭 나쁜 것도 아니다.' 라는 말씀을 들었는데 그 말이 내 가슴에 확 들어왔다. 그 말을 곰곰이 생각해 보니 맞는 말씀이라는 생각이 들었기 때문이다.

글을 쓸 수 있어서 처음에는 설레고 좋았지만 결국에는 불쾌하게 마무리가 되었다. 한 번쯤 자신이 원하는 것을 하게 되어서 처음에는 좋았다가 어떤 계기로 끝이 안 좋게 된 경험이 있을 것이다.

반면 처음에는 내키지 않아서 마지못해 시작했는데 그 일로 인해 삶이 바뀌는 계기가 되거나 큰 도움이 된 적이 있을 수도 있다. 인생은 이런 일들의 반복인 것 같다. 처음에는 내키지 않고 힘들었는데 시간이 지나서 그 경험이 보약이 될 때도 있다.

법륜스님의 말씀을 배운 이후에 나에게 작은 변화가 하나 생겼다. 생사가 오가는 큰 문제가 아니라면 일희일비 하지 않고 어떤 일에 지나치게 연연해하지 않게 되었다. 현재 자신에게 생긴 일이 실제로 큰일 일수도 있고 지나고 보면 그렇게 큰일은 아닐 수도 있다. 스스로 그 사건에 과도한 의미를 부여하고 큰일이라고 생각해서 자신을 더 짓누르는 경우가 있다.

중요한 것은 그 일을 바라보는 자신의 시선과 대응하는 자세에 있다. 자신이 어떤 관점으로 보고 어떻게 처리 하느냐에 따라 처음에는 심각하다고 생각됐던 일이 예상보다 가볍게 넘어가는 경우도 있다.

그래서 힘든 일이 생길 때면 지금 일어난 일은 좋은 것도 아니고 꼭 나쁜 것도 아니라고 먼저 나에게 말해준다. 그러면 마음이 한결 편안해진다.

혹시 요즘 힘든 일이 있다면 자신에게 일어난 이 일이 꼭 안 좋은 것만은 아니라고 먼저 스스로에게 말해 주었으면 한다. 물론 힘든 일이 짓누르는 무게가 견디기 힘들 수도 있을 것이다.

그 무게 때문에 삶을 내려놓고 싶을 때도 있을 수 있다.

그렇지만 부디 스스로를 벼랑 끝으로 밀어 넣지 않길 바란다. 모든 것이 끝난 것 같다고 생각이 들 수도 있지만 한 고비만 넘기면 괜찮아지는 때가 찾아온다.

그렇게 좀 숨 쉴 수 있게 되면 작은 것이라도 현재 상황에서 자신에게 도움이 되고 좋아질 수 있는 것들을 해보았으면 한다. 이를테면 산책하기, 지금 벌어진 상황을 자신 탓하며 스스로를 더 힘들게 하지 않기, 나의 마음을 잘 이해해 주는 사람과 맛있는 것 먹으며 수다 떨기 등 소소해 보일 순 있어도 조금씩 다시 일어나는데 분명 도움이 될 것이다.

•••

나의
생각과 판단이
틀릴 수도 있다.

　자신의 생각과 판단이 틀릴 수도 있다고 생각
하며 사는 사람이 믿음이 간다.

　우리는 하루에도 수없이 많은 결정을 하고 행
동을 한다. 자신의 생각과 판단이 잘못 됐을 수
도 있다고 생각해 보는 것 자체가 자신을 돌아
보며 산다는 의미이다.

　나는 무언가 결정해서 행동하기 전에 내가 한
쪽 면만 보고 고정관념이나 편견 등에 빠져 결정
하는 것은 아닌지 또는 내가 보고 싶은 것만 보
려고 하는 것은 아닌지 한번쯤 생각해 보곤 한

다. 물론 중요한 문제일수록 더 깊게 생각 한다. 그렇게 내가 내리려고 하는 판단이 과연 올바른지 한 번 더 점검해 본다. 그리고 필요하면 주변에 신뢰할 만한 사람에게 의견을 구하기도 한다.

자신이 보고 싶은 것만 보고, 믿고 싶은 것만 믿으려는 경향이 강한 사람일수록 고집이 세고 심한 경우에는 독선적인 성향도 있는 것 같다. 자신만의 원칙, 적당한 고집은 필요하다. 지금처럼 정보가 넘쳐나고 정확한 판단을 흐리게 하는 요소가 많은 상황에서는 자신만의 원칙을 가지고 있어야 한다.

문제는 그렇게 자신의 원칙과 고집을 가지고 처리했을 때 몇 차례 좋은 성과를 거두었을 때 발생 하는 것 같다. 그렇게 몇 번 작은 성공을 거두면 자신이 맞았다는 생각이 다음에는 강한 자기 확신이 되고, 더 나아가면 자신이 무조건 맞다고 믿게 될 수 있다. 그래서 자신이 옳았다는 과거의 사례를 들며 자신의 판단이 무조건 맞다고 생각하게 된다.

맞다와 무조건 맞다는 판이하게 다르다. 무조건 이라는 말은 다른 여지가 전혀 없고, 적절한지 적절하지 않은지 생각하지 않는 것이다. 무비판적으로 수용하는 것이다. 무조건 맞다는 인식이 심해지면 자신의 생각과 판단을 남에게 강요하고 상대방도 자신의 뜻에 따르라고 요구하기도 한다. 무식한 사람이 신념을 가지면 무서워진다는 말을 들은 적이 있다. 생각해 볼수록 수긍이 되는 말이다.

자신이 무조건 맞다고 생각하는 지나친 자기 확신만큼 무서운 것이 얼마나 있겠는가? 이렇게 자신이 무조건 맞으니 따르면 된다는 요구를 받은 사람은 바로 승낙하면 안 된다. 특히 그 요구가 진로선택, 결혼 등 한 개인의 삶에 큰 영향을 미치는 것일수록 당연하게 따르기 보다는 충분히 심사숙고를 한 후에 스스로 결정해야 한다.

상대방이 어떤 이유와 목적으로 하라고 했는지 확실하게 파악한 후 결정하는 것도 나쁘지 않은 방법이다.

우리는 수없이 많은 선택을 하고 결정을 하며 살아간다. 그래서 착오로 인해 누구나 실수하고 실패할 수 있다. 실수하고 실패했다는 건 그만큼 시도했다는 말과 같은 의미 이다. 도전하되 사전에 치밀하게 조사한 후 판단을 내려야 한다. 그리고 행동하기 전에 자신의 판단을 한번쯤은 다른 방향에서 생각해 볼 필요도 있다. 그런 과정을 의심이라고 보기 보다는 한 번 더 점검해 본다고 이해하면 좋을 것 같다.

그런 과정을 거쳐서 행동한 자신의 일이 혹 만족스럽지 못한 결과라도 괜찮다. 무언가에 시도하고 도전 했다는 것은 살아 있다는 증거이기 때문이다.

우리는 살아가면서 무수히 많은 시도와 도전을 한다. 때로는 실패 할 수도 있다는 두려움 때문에 새로운 도전을 하기가 두려울 수도 있다. 도전을 망설일 수도 있고, 도전하지 않을 수도 있다.

우리 모두는 어렸을 때 일어서서 걷기 위해 수없이 넘어졌었다. 하지만 멈추지 않고 걷기 위해 계속 시도 했기에 지금 두 발로 건강하게 걸어다닐 수 있는 것이다.

우리가 어렸을 때 걷기 위해 수없이 넘어지고 일어서는 과정을 반복해서 지금 건강하게 걷고 있듯이 새로운 도전을 시작하기에 앞서 넘어지는 것이 두려울 수도 있지만 도전을 멈추지는 않아야 한다. 다만 새로운 도전을 하기 전에 자신의 생각과 판단이 무조건 맞다고 지나치게 확신하기 보다는 자신의 생각과 판단을 한 번 더 점검해 볼 필요는 있다.

내 삶은
내가
CEO

삼성 그룹의 설립자인 이병철 회장은 1983년 도쿄선언을 한다. 이 도쿄선언에서 삼성이 반도체 사업에 진출하기로 결정한 것이다. 주변에서 무수히 반대했지만 결국 미국과 일본에 이어 세계에서 세 번째로 64kb(킬로바이트) D램을 개발하게 된다. 이병철 회장이 일흔이 넘은 나이에 새로운 도전을 시작한 것이다.

그리고 1993년 이건희 회장은 독일 프랑크푸르트에서 신경영 선언을 한다. 이때 그가 마누라와 자식 빼고 모두 바꿔라, 라고 했던 말은 지금도 회자되고 있다. 이 두 사건이 현재의 삼성이 있을 수 있도록 한 큰 분기점이 되었다고 생각한다.

핀란드는 유럽에서 8번째로 큰 국가이지만 국토의 4분의 1정도는 북극권에 있어 사람이 살기에 좋은 땅은 그리 넓지 않다. 인구도 550만명 정도 밖에 되지 않는다. 그렇지만 농업과 임업 중심에서 첨단산업을 핵심으로 하는 산업 선진국으로 탈바꿈하는데 성공했다. 그 중심에는 노키아가 있었다. 그런 핀란드의 노키아가 14년간 세계 휴대폰 시장을 제패했던 적이 있었다. 하지만 시장의 변화를 제대로 예측하지 못하고 안일한 대응으로 노키아는 결국 쓸쓸하게 업계에서 퇴장했다.

한치 앞을 내다볼 수 없는 상황에서 기업이 어떤 선택을 하느냐에 따라 기업의 생명이 달라진다. 삼성과 노키아의 사례에서 보듯이 사업 세계에서 한번 뒤처지면 다시 예전의 모습을 되찾기가 쉽지 않다.

나는 개인도 기업과 크게 다르지 않다고 생각한다. 기업을 경영하듯이 자신의 삶도 본인이 주체가 되어 경영해야 한다. 각자에게 한정적으로 주어진 시간, 돈, 에너지 등을 어디에 얼마만큼 사용할지 잘 판단해서 써야 한다.

한국은 사람들과의 관계를 중요하게 생각하는 문화를 가졌다. 그래서 다른 사람들과의 관계 유지를 위해 많은 시간과 에너지를 쓴다. 자신에게 도움이 되고 필요하다면 인맥을 넓게 형성하며 좋은 관계를 유지 위해 시간과 에너지를 쓰는 것이 필요하다.

그렇지만 필요이상의 관계를 유지하기 위해 무리하면서까지 시간과 에너지를 쓸 필요까지는 없다고 생각한다. 모든 사람들의 마음에 드는 사람이면 좋겠지만 아무리 인맥이 넓고 잘난 사람도 모든 사람의 마음에 들 수는 없다. 본인이 할 수 있는 노력을 했는데도 상황이 달라지지 않는다고 해서 자괴감을 느끼거나 전전긍긍 할 필요까지는 없다고 생각한다. 안타까울 수는 있지만 어쩔 수 없는 것이다.

마찬가지로 상대방도 내 맘에 반드시 들지 않을 수도 있다. 상대방이 자신의 마음에 들도록 강요하거나 집착하면 안 된다. 차라리 상대를 좀 내버려 두는 것도 좋다. 내버려 둔다는 말은 포기하라는 말이 아니다. 상대가 내 뜻과 다르더라도 자신의 의사대로 하도록 존중해 주는 것이다. 상대가 내 뜻대로 해줬으면 하는 것에서부터 스트레스와 갈등이 생길 수 있기 때문이다.

학교 동창 중에 한 친구가 직장 생활만 해오다가 독립해서 자기 사업을 하고 싶어 했었다. 가끔 상담을 요청하면 직장생활 할 때와 내 일을 하는 것은 많이 다른 것 같다는 나의 경험을 진솔하게 이야기 해줬다. 직장생활이 스트레스도 많고 여러 어려움이 있지만 정해진 날짜에 월급이 나온다.

하지만 자기 사업을 시작하면 그 누구도 월급을 챙겨 주지 않는다. 본인이 발로 뛴 만큼만 벌게 되어 있다. 직장생활이 고되고 힘들 때면 그만 두고 싶은 마음이 들 때가 있을 것이다. 또한 사표 내고 싶은 마음이 주기적으로 찾아오는 사람도 있을 것이다. 그럴 때면 자기 사업을 하고 싶다는 생각을 할 수도 있다. 자기 사업을 하려고 할 때 어느 정도 준비가 되지 않은 상태라면 사전 준비를 충분히 하며 심사숙고한 후에 움직이는 것이 좋다고 생각한다. 그렇게 해도 늦지 않다. 결국 자기사업을 해보고 싶었던 친구는 충분히 심사숙고 하고 준비한 후에 독립해서 자신의 매장을 차렸다.

자기 매장을 차린 친구가 걱정이 되어 연락을 해봤다. 자기 사업을 처음 하는 것이라 이래저래 어려움이 많을 것 같다는 생각이 들었기 때문이다.

친구는 직장생활 할 때는 하루가 소중한 줄 잘 몰랐다고 말했다. 자신의 매장을 차려서 일해 보니 해야 할 일도 많고, 챙겨야 할 것도 많아서 하루가 어떻게 가는지 모르겠다는 말도 했다. 그리고 직원 월급 주는 날과 가게 임대료 내는 날은 너무 빨리 돌아오는 것 같다는 말도 했다. 나도 공감되는 부분이여서 "맞다. 자기 사업을 하면 하루하루가 소중하게 느껴지고 시간이 정말 빨리 간다."며 대답을 했었다. 그런 상황에서 손님까지 없으면 걱정과 한숨만 나온다.

자기 사업을 한다는 것은 직장에서 직원일 때와는 차원이 다른 세계를 경험하는 것이다. 친구는 직원 월급과 가게 임대료가 밀리지 않게 하기 위해 지난 설 연휴에도 매장을 열고 장사를 했다. 그러면서 월급 받으며 직장생활 할 때는 사장의 어려운 점을 깊이 이해하지 못했었는데 자신이 사장이 되어보니 배워야 할 것도 많고 어려운 것투성이라는 말도 함께 했다.

　자신의 일을 해봐야 진짜 직업 세계를 알게 되는 것 같다. 자기 사업을 하며 여러 경험을 하면서 좀 더 꼼꼼해지고 미리 대비하는 습관도 생기는 것 같다. 그렇게 자신의 사업을 하며 많은 변화가 생기고 좀 더 발전하게 되듯이 개인의 삶도 사장과 같은 마음으로 살아야 할 필요가 있다고 생각한다. 삶을 회사에 속해 있는 직원처럼 살 것인지 자신의 사업을 경영하는 사장처럼 살 것인지는 전적으로 본인의 의지에 달려있다. 그리고 어떤 선택을 하든 그 결과는 자신이 받아들여야 할 것이다. 그래서 이왕이면 자신의 삶을 사장처럼 살았으면 한다.

●●●
'그때 그것을 해볼 걸'하는
아쉬움이 남지 않도록
해보기

    지금은 가지 않지만 예전에 점을 보러 간적이 있었다. 처음 점집에 갔을 때는 내가 가고 싶어서 간 것이 아니라 다른 사람을 따라 갔었다. 그래서 크게 생각하지 않고 갔는데 왠지 잘 맞추는 것 같아서 호기심에 몇 번 더 갔었다.

    그러다 점을 보러 다니지 않게 된 계기는 괘의 결과에 따라 내 마음이 롤러코스터를 타는 것처럼 오르락내리락 한다는 느낌을 받게 되면서 부터이다. 점괘에 좌지우지되기 보다는 나 자신을 믿고 나의 길을 가는 것이 중요하다고 생각했기 때문이다.

　나는 한 사람의 인생이 태어날 때부터 이미 결정되어져 있다고 생각하지 않는다. 본인이 어떻게 생각하고 받아들여서 행동하느냐에 따라 결과도 충분히 달라질 수 있다고 생각한다. 주역(周易)에 자천우지(自天祐之)라는 말이 있다. 하늘은 스스로 돕는 자를 돕는다는 의미이다. 그리고 주역의 역(易)은 '바꿀 역'이라고 한다. 나는 나쁜 운도 운용하기에 따라서 충분히 바뀔 수 있다고 생각한다.

　그래서 역학(易學)을 불신하지도 완전히 믿지도 않는다. 역학도 수많은 학문 중 하나의 학문이기 때문에 나름의 의미가 있다고 생각한다. 다만 점을 봤을 때 안 좋은 괘가 나왔다면 평소보다 좀 더 조심하고, 좋은 괘에는 들뜨지 않고 차분하게 더 노력하며 사는 마음가짐이 중요하다고 생각한다. 이처럼 점을 봤다면 참고 정도만 하고 스스로 중심을 잃지 않고 사는 것이 좋다고 본다.

　나는 여러분이 먼 훗날 인생의 끝자락에서 지나온 삶을 돌아봤을 때 아쉬움이 덜 남았으면 좋겠다.

예를 들어 사업을 해보고 싶은데 망설여질 수 있다. 회사라는 울타리가 안전해 보여서 세상 밖으로 나가기 두려울 수 있다. 하지만 울타리의 안전이 개인의 발전 가능성에도 얼마나 도움을 주는지 생각해 볼 필요가 있다. 스스로 많이 고민해 보고, 생각해 보았는데도 정말 하고 싶은 일이 있다면 치밀하게 조사하고 준비한 후 도전해 보는 것도 좋다고 생각한다.

자신이 정말 하고 싶은 것을 하며 살아도 굶어 죽지는 않는다. 대신 이전에 벌던 수입보다 적어도, 더 많은 시간을 투입해야 하더라도, 진심으로 자신이 원한다면 실제로 그렇게 되더라도 불행하다는 생각이 들지 않을 것이다. 물론 그 정도로 원해야 하고, 최소한 5~10년은 버틸 마음의 준비가 되어 있어야 한다. 이 정도의 각오가 되어 있다면 나는 자신 있게 도전하라고 말하겠다.

정말 해보고 싶은 일인데 해보지 못해서 나중에 세상을 떠날 때 미련이 남을 것 같다고 생각된다면 도전해 보라고 권하는 편이다. 시간이 지나서 그때 그걸 해볼 걸 하는 미련만큼 안타까운 것도 없다. 그 마음은 세월이 갈수록 두고두고 생각난다.

이 책을 준비하면서 내가 아르바이트를 포함해서 그동안 해 본 일을 세어 보았다. 고등학생 때 갈빗집에서 서빙 알바와 노동판에서 잡역부로 일한 것을 시작으로 약 15가지 종류의 일을 했었다. 적다면 적을 수 있지만 여러 일을 해보면서 나는 지금 내가 하는 일이 좋고 오랫동안 하고 싶은 일이다. 남들이 돈을 많이 벌 수 있다고 해서 그 말만 믿고 영업도 해봤고, 돈이 거의 다 떨어져서 무작정 살던 곳 근처 주유소에 들어가서 일을 시켜 달라고 말해서 한 적도 있었다.

현재 내가 하고 있는 일들은 진심으로 하고 싶어서 시작한 일들이다. 그리고 이 일을 하고 있는 것에 아쉬움이나 후회는 없다. 내가 하고 싶은 일만 하며 살아도 남에게 손 벌리거나 부탁하지 않고 내 힘으로 살 수 있는 것이 얼마나 감사한 일인지 나는 잘 알고 있다.

나는 '스스로와 싸우며 진정으로 하고 싶은 것에 끝없이 도전했던 사람'으로 기억되고 싶다.

여러분은 어떤 사람으로 기억되고 싶은가?

● ● ●

고집불통이
고통을
낳는다

　자신이 보고 싶은 것만 보려고 하는 것을 심리학에서는 확증편향(comfirmation bias)이라고 한다. 모든 인간은 불완전한 존재이다. 그러한데 나부터도 내가 인식하고 있든 인식하지 못하고 있든 내가 생각하는 것이 맞길 바라고, 내가 내린 결정이 옳다고 믿고 싶을 때가 많을 것이다.

　본인의 잘못과 실수를 인정하는 것은 쉬운 일이 아니다. 누구나 자신만의 생각과 원칙은 있어야 한다. 그래야 중심을 잃지 않고 잘못된 유혹에 쉽게 빠지지 않을 수 있다. 그렇지만 자신의 생각과 원칙들이 무조건 맞다는 생각은 내려놓을 줄도 알아야 한다. 자신의 원칙과 생각이 맞다고 생각하고 그렇게 계속 고집 하다보면 자칫 고집불통이 되어 스스로 고통을 초래할 수도 있다. 자신의 고집이 적당히 있어서 중심을 잘 잡고 산다면 그런대로 괜찮을 것이다.

문제는 그 고집으로 인해 고통이 올 때이다. 쓸데없이 필요 이상의 고집으로 스스로를 힘들게 하는 경우를 볼 때가 있다. 그리고 정말 심각한 것은 그 고집이 문제라는 사실을 당사자만 모르고 있을 때이다. 마음을 열고 자신의 고집을 내려놓고 주변에서 해주는 직언을 새겨들어야 할 필요가 있다.

중국 당나라의 2대 황제인 태종 이세민을 중국 역사에서는 위대한 성군 중 한명으로 부른다. 당 태종은 당나라를 부강하게 만들고 영토도 많이 확장한 군주였다. 그런 당 태종이 성군이 될 수 있었던 큰 이유 중 하나가 신하들의 간언을 잘 받아들였기 때문이라고 한다.

여러 신하들 중에 가장 간언을 많이 한 사람이 바로 위징이다. 위징은 황제가 내린 명령이라고 하더라도 옳지 않다고 판단되면 아랫사람들에게 하지 않게 한 적도 있었다고 한다. 황제가 절대자였던 당시로서는 황제의 명령을 거역한다는 것은 상상할 수 없는 일이었다. 당 태종이 자신의 견해에 반대하는 위징에게 화가 났지만 위징의 말을 듣고 결국 위징의 뜻대로 한 경우도 많았다고 한다. 당 태종이 자신이 황제라고 해서 신하들의 간언을 듣지 않고 자기 고집대로 했다면 성군이라고 불리지 못했을 것이다. 그렇게 위징이 목숨을 걸고 간언을 할 때는 당나라도 태평성대였다.

하지만 문제는 위징이 죽고 난 후에 발생했다. 많은 신하들의 반대에도 불구하고 고구려 원정을 감행한 당 태종은 결국 대패하고 병을 얻어 죽게 된다. 당 태종은 죽기 전 고구려 원정을 하지 말라는 방현령의 간언을 물리친 일을 후회 했다고 한다. 당태종이 성군이었던 이유는 어진 임금이 자신이 잘나서 통치를 잘 하고 있다는 생각보다는 주변에 있는 훌륭한 신하들의 의견을 잘 받아들인 결과라고 생각한다.

말년의 당 태종처럼 고집불통이 되어 조금씩 자기 자신을 갉아먹는 고통을 초래하는 일은 없었으면 좋겠다.

●●●

때론
자신이 살고 있는 세계에서
벗어나 볼 필요가 있다

　　사람은 자기가 보고 듣고 만난 세상 안에서 살수 밖에 없다. 그것이 자신이 알고 있는 전부이기 때문이다.

　　미국의 하버드 대학보다 더 들어가기 어려운 대학이 있다. 바로 미국 샌프란시스코에 본부를 둔 미네르바 스쿨이라는 학교이다. 이 학교에는 특이한 점이 몇 가지 있다.

　　첫째, 미국 대학 입학시험인 SAT나 ACT 점수를 기준으로 선발 하지 않는다.

　　둘째, 지원자와 실시간 인터뷰, 에세이 시험을

본다. 그러니 입시 코디가 개입하기 어렵다고 한다. 실시간으로 진행하다 보니 한정된 분야만 정해서 질문을 하지 않는다고 한다.

셋째, 7개국에서 기숙사 생활을 하며 수업은 최고의 교수진과 온라인으로 진행 한다.

나는 미네르바 스쿨을 신문을 보다 처음 알게 되었다. 실제로 이런 방식으로 운영되는 대학교가 있다는 사실이 신선했다. 공정한 선발 방식도 신선했지만 재학생들이 미국, 영국, 독일, 아르헨티나, 인도, 대만, 대한민국 이렇게 총 7개국에서 살면서 그 나라의 문화뿐만 아니라 기업, 비영리단체, 사회혁신기관 등과 함께 여러 프로젝트를 진행 한다고 한다.

예를 들면 1학기는 미국에서 살며 현지의 스타트업이나 각 기관과 협력해서 프로젝트도 하고 교수들과 온라인 토론 수업을 진행한다. 그리고 2학기는 서울로 가서 생활하고, 2학년 1학기는 아르헨티나, 2학기는 독일 이러한 방식으로 4년을 보낸다고 한다. 실제로 현재 재학생 중에 한국인도 있다.

기사를 다 읽고 한번 상상을 해봤다. 20대 초반에 세계 각 나라에서 온 학생들과 여러 나라에서 살며 그곳의 문화를 접하고 현지의 기업체, 각 기관들과 연구를 하고 공부를 한다면 얼마나 넓은 세상을 알게 되는 것일까? 하고 말이다. 상상을 마치고 나는 미네르바 스쿨에 다니는 학생들이 부러웠다.

젊은 나이에 이처럼 다양한 문화와 가치관을 경험할 수 있는 학교에 다녀본다면 분명 인생에 많은 도움이 될 것이다. 젊은 나이 때부터 쉽게 경험하기 힘든 다양한 것들을 경험 한다는 것은 한 개인의 삶에 많은 영향을 줄 것이다.

우리가 가까운 중국이나 태국, 베트남 등을 여행 다녀보면 살면서 처음 보는 문화를 접할 때가 있을 것이다. 그런 새로운 것들 중에 누군가는 신규 사업 아이템을 가지고 오는 사람도 있을 것이고, 어떤 사람은 그곳에서 큰 영향을 받아서 기존의 삶과는 전혀 다른 삶을 살게 될 수도 있다. 한 사람의 인생이 바뀔 수도 있다는 것이다. 실제로 어느 나라에 놀러 갔다가 한국에는 없는 사업 아이템을 국내로 처음으로 들여와서 부자가 된 사람도 있다.

나는 몇 년 전에서야 해외를 처음 가봤다. 외국을 처음 가면 많은 것들이 신기하다. 그 나라만의 고유한 냄새, 문화, 특성 등 많은 것들이 낯설다. 내가 지금까지 보고 알았던 것이 아니라 전혀 다른 세계였기 때문이다.

그렇게 외국에 나가서 신선한 경험들을 많이 하다 보면, 우주에서 봤을 때 우리 인간은 먼지만하다 라는 말이 조금은 이해가 될 것이다. 우리가 살고 있는 대한민국도 지구 전체로 따져보면 작은 일부분이고 우주 전체를 놓고 비교해보면 정말 작다. 세상은 넓고 다양하며 자신이 모르고 있었던 새로운 것들은 무수히 많이 존재한다. 그래서 자신이 살고 있고 알고 있는 것에만 한정하지 않아야 할 필요가 있는 것이다.

자신이 사는 곳만 한정해서 보지 않아야 하듯이 자신의 시각에서만 보고 판단하기 보다는 조금만 더 넓은 시야로 세상을 바라 볼 필요가 있다. 사는 곳(공간), 문화, 인종, 언어 등 많은 것들을 포함해서 말이다. 내 눈에 보이는 것만 보다보면 자칫 외눈으로 세상을 보는 것과 같아질 수 있다. 사람에게 두 눈이 있는 이유는 한쪽으로만 바라보지 말고 더 넓고 다양한 세상을 바라보기 위해서 두 눈이 존재한다고 생각한다.

더 넓은 세상을 경험하기 위해서 어딘가로 떠나야만 넓고 다양한 세계를 만날 수 있는 것도 아니다. 지금껏 자신이 살았던 방식에서 벗어나 새로운 것들을 접하는 것도 새로운 세계와 만나는 방법 중 하나이다. 생소하지만 관심이 가는 분야의 책을 읽는 것도 다른 세상과 만나고 경험하는 것이다.

언택트 시대인 요즘은 온라인 플랫폼에서 수많은 콘텐츠를 접할 수 있다. 지금까지 익숙하게 보았던 콘텐츠가 아니라 처음 접하는 분야의 콘텐츠를 보는 것도 좋은 방법일 것이다.

요즈음 천문학에 관심이 생겨서 관련 콘텐츠들을 유튜브나 책을 통해 찾아보고 있다. 초끈이론, 빅뱅이론 등을 보며 우주와 지구의 탄생과 역사를 이해하게 되었다. 또 우주의 크기가 궁금해서 찾아보았다.

우리가 살고 있는 지구를 비롯한 수많은 별은 태양을 중심으로 해서 돈다. 이것이 태양계이다. 태양 같은 별들이 수천억 개가 모인 집단을 우리 은하라고 한다. 태양계는 우리은하의 중심에서 약 27,000광년 떨어진 곳에 있다. 참고로 1광년은 빛으로 1년 동안 가는 거리를 말한다. 우리은하 같은 은하가 수십 개가 모인 천체를 은하군이라고 한다. 수백 개~수천 개의 은하로 구성된 천체는 은하단이다.

은하단 상위에는 초은하단, 초초은하단… 등 몇 개의 상위개념이 더 있다. 그리고 우리가 관측 가능한 우주를 거대구조(우주 거대 가락)라고 부른다.

거대 구조는 우리가 알고 있는 가장 거대한 우주의 모습이다. 우리은하 같은 것이 2조개 이상 존재 한다. 거대구조만 해도 엄청난 크기인데 거대 구조 너머에 또 다른 우주가 존재할 것이라고 한다. 거대구조가 우리 인간이 관측할 수 있는 크기이기 때문에 그 너머는 어떤지 확인 할 수 없을 뿐이다. 그래서 우주의 크기를 정확히 알 수 없는 것이다.

이 같은 사실들을 알게 되면서 우주의 거대함과 경이로움을 새삼 느끼게 되었다. 우주에 직접 가 볼 수는 없지만 간접적으로 공부하면서 말 그대로 신세계를 알게 되었다. 밤하늘의 별을 봐도 예전과는 좀 다르게 보인다. 이전에 내가 이해하고 있던 지구와 인간도 색다른 관점에서 이해하는 계기가 되었다.

여행, 견학 등 공간을 이동하는 것도 새로운 세계를 만나는 방법이다. 하지만 공간에만 국한 될 필요가 없다. 자신이 살아온 세계 이외에 더 넓고 다양한 세상이 있다는 것을 알면 세상을 바라보는 관점이 달라진다. 중, 장기적으로 보면 사는 살아가는 삶의 모습에도 변화가 온다. 그래서 자신이 살고 있는 세계에서 벗어나 볼 필요가 있는 것이다.

● ● ●

마음이
많이
여리다면

　사람들을 만나다 보면 마음이 많이 여린 사람을 만날 때가 있다. 그 여린 마음이 겉으로 티가 나는 사람이 있고 거의 티내지 않는 사람도 있다. 마음이 여린 사람은 대개 자신의 주장만을 강하게 내세우지 않는 편인 것 같다. 그리고 다른 사람의 이야기를 잘 들어주는 편이고 대체로 다른 이의 의견에 동조하는 경우도 많은 것 같다.

　다양한 사람들과 관계를 맺으며 일을 하는 사람들 중에 자신이 강해져야 남들이 함부로 대하지 않는다고 생각 하는 사람이 있을 것이다. 남들에게 무시당하지 않기 위해서라도 겉으로 강하게 보이려고 하는 것일 수도 있을 것이다.

반면에 마음이 많이 여리고 겉으로 강한 척을 잘 하지 못하는 사람도 있다. 남에게 싫은 소리도 잘 못하고 어쩌다가 다른 사람에게 싫은 소리를 하고 나면 본인의 마음이 안 좋아져서 정작 잘못한 것이 없는데 오히려 미안해하는 사람도 있다.

또 남에게 싫은 소리를 해야 할 때면 숨을 여러 번 쉰 후 마음 크게 먹고 하는 사람도 있다. 그런 성향을 가진 자신이 맘에 안 들고 싫을 수도 있을 것이다. 그래서 자신을 바꿔 보려고도 하지만 천성은 쉽게 바뀌지 않는다는 말이 있듯이 마음만큼 쉽게 바뀌지는 않는 것 같다. 만약 본인이 이런 편이라면 마음이 여린 것이 티가 나면 나는 대로 또 적절히 감춰지면 감춰지는 대로 자연스럽게 사는 것도 나쁘지만은 않다고 생각한다.

성향을 바꿔 보려고 하다가 오히려 자신만 더 힘들어 질지도 모른다. 대신 자신의 약하고 여린 부분을 보이지 않으려고 일부러 타인에게 지나치게 강하게 할 필요는 없는 것 같다.

자신의 여린 부분을 바꿀 수 없다면 스트레스 받고 힘들어 하면서까지 남들에게 강해 보이려고 하기 보다는 대신 스스로 내면이 단단한 사람이 되는 것도 괜찮다고 생각한다. 외유내강 이라는 말처럼 겉으로 봤을 때는 부드럽고 여려 보이지만 그 내면은 자신만의 확고한 철학과 소신이 있는 사람 말이다.

몇 년 전 한국에도 방문한 적이 있는 닉 부이치치 라는 사람이 있다. 사지 없는 인생의 대표이자 세계적인 희망 전도사인 그는 선천적으로 팔과 다리가 없이 태어났다고 한다. 어렸을 때 자신이 다른 사람들과 조금 다르다는 것을 인식하고 우울증 등으로 자살시도를 한 적도 있었다고 한다. 그렇지만 부모님이 사랑으로 보듬어 주셨다고 한다. 그런 가족의 사랑과 본인의 끊임없는 노력 덕분에 그는 호주 최초로 장애인이 일반 학교에 들어가는 선례를 만들어, 그 이후 장애인들이 일반 학교에 많이 다닐 수 있게 되었다. 닉 부이치치는 현재 결혼해서 자녀도 낳고 행복하게 살고 있다고 한다.

그가 한국의 TV프로그램에 출연한 영상을 보며 그가 비록 몸은 불편할지 몰라도 자신이 소중한 존재라는 사실을 알고 있는 것 같다는 생각이 들었다. 그리고 어떻게 하면 자신이 소중하다는 사실을 잊지 않고 살 수 있는지도 아는 것처럼 보였다. 닉 부이치치는 자신이 팔, 다리가 없음을 부끄러워하지 않고 자신의 모습 그대로를 받아들이고 사랑할 줄 아는 멋진 사람인 것이다. 나는 닉 부이치치의 영상을 보면서 팔다리가 멀쩡한 나보다 닉이 더 단단한 사람이라는 생각이 들었다.

마음이 많이 여리다면 외부의 영향에 일시적으로 휘어질 수는 있어도 쉽게 꺾이지 않는 유연하며 단단한 내면을 가진 사람이 되었으면 한다.

...

자신의 감정을
건강하게 표현할
대상이 있어야 한다.

 나는 30대가 되기 전까지는 엄마가 일찍 돌아
가신 것을 사람들에게 말하는 것을 꺼렸다. 지금
생각해보면 엄마의 부재를 나 스스로 큰 콤플렉
스라고 생각 했던 것 같다.
 사실 엄마의 부재로 인해 어린 시절부터 성인
이 될 때까지 세상과 소통하는데 어려운 부분이
있었다. 어렸을 때 겪은 일들은 성인이 되고 난
뒤에도 많은 영향을 준다. 시간이 지나 성인이 되
었다고 해서 어렸을 때 받은 상처가 낫거나 사라
진 게 아니다. 외면하고 있을수록 덧나고 곪아서

언제 터질지 모른다. 한 인간에게 어린 시절은 단순히 특정 시간 이상의 의미를 갖는다. 그래서 한 사람에게 어린 시절은 무척 중요한 것이다.

어렸을 때 엄마와 교감을 얼마나 긴밀하게 했느냐에 따라 성인이 된 후 세상과 타인과 교감하고 소통 하는데 큰 영향을 미친다고 생각한다. 엄마가 해주는 집밥을 먹으면서 자연스럽게 남들에게는 하기 어려운 고민을 이야기 하며 엄마에게 위로를 받고 다시 세상을 살아갈 힘을 얻게 된다. 그래서 객지에서 생활하다 힘들 때 '엄마 보고 싶다' 또는 '엄마 밥 먹고 싶다'라는 말을 하는 것 같다. 그래서 엄마는 한 명의 존재 이상의 큰 의미가 있는 것 같다.

엄마가 돌아가셨거나 어떤 이유로 만날 수 없는 사람도 있을 것이다. 그런 상황이라면 엄마만큼은 아닐지 몰라도 괴로울 때 자신의 솔직한 감정을 터놓을 수 있는 대상이 주변에 하나쯤은 있어야 한다. 함께 시간을 보내며 대화를 나누기만 해도 큰 도움이 된다. 그것이 그 사람에게는 안식처 인 것이다. 그 안식처가 꼭 사람이 아니어도 괜찮다.

나에게 자연이 커다란 안식처 듯이 자신에게 위로가 되고 힘이 되는 건강한 존재라면 무엇이든 좋다.

내가 제주도의 자연을 보고 걸으며 큰 위안을 받듯이 가까이에서 만날 수 있는 자신만의 안식처를 하나쯤은 만들길 바란다.

● ● ●
20살 이후에
부모님 말씀은
참고만 해라

나는 중학생 때부터 부모님께 기술을 배워야 한다는 말씀을 많이 들었다. 확실한 기술을 가지고 있으면 기본적인 의식주 문제는 해결할 수 있다는 생각에 해주신 말씀이라고 생각한다. 더구나 나는 공부를 특출하게 잘 했던 것도 아니었다. 그래서 부모님께서는 기술을 배운 뒤 안정적으로 직장을 구하는 것이 좋겠다고 생각 하시고 내게 그런 말씀을 하신 것 같다.

하지만 나는 고등학교 입학 원서를 공업고등학교에 내지 않았다. 부모님께서는 공업고등학교에 가서 기술을 배우길 바라셨지만 내가 가고 싶지 않았기 때문에 나의 뜻에 따라 인문계 고등학교에 진학했다. 부모님 세대에서는 확실한 자기 기술을 배우는 것이 안정적인 직장을 구할 수 있는 시대였다고 생각한다. 그것이 부모님께서 사시며 체득하신 경험이기에 부모님 시대에서는 맞을 수도 있을 것이다.

하지만 내가 돈을 벌고 있는 지금의 시대는 그때보다 훨씬 더 다양한 종류의 직업이 생겼고, 돈을 벌고 살아가는 방식도 다양한 시대가 되었다. 30~40년 전에는 사회적으로 대우를 잘 받던 직업 중에 지금은 없어진 직업도 있고, 당시에는 크게 대우를 받지 못했던 직업이 지금은 엄청난 각광을 받는 경우도 있다.

1970년에 우리나라 첫 고속도로인 경부고속도로가 개통이 되었다. 이전에는 서울에서 부산을 가려면 12시간이 걸리는 기차를 타고 가는 방법이 가장 빨랐다. 그러다 고속도로가 뚫리면서 5시간이면 가게 된 것이다. 이 때 각광을 받게 된 직업이 고속버스 기사와 고속버스 안내원이었다. 고속버스 기사는 아무나 뽑지 않았고 경력이 오래된

베테랑 기사가 채용되었다. 안내원도 지금의 항공사 스튜어디스처럼 입사시험을 통해 채용한 후 소정의 교육을 받은 후에 업무를 할 수 있었다. 보수 또한 상당히 높아서 경쟁률이 높았고 당시 인기직업이 될 것이라는 내용이 신문에 게재되기도 했었다. 하지만 현재는 고속버스 기사의 처우가 그때에 많이 못 미친다. 당시 각광받던 직업이라고 했던 고속버스 안내원은 사라진지 오래이다.

내가 부모님 말씀에 따라 공업고등학교에 가지 않은 이유는, 어렸지만 내가 손재주가 다른 사람에 비해 현저하게 없다는 것을 알았다. 내 별명이 마이너스의 손이다. 어렸을 때부터 내가 자전거나 시계, 게임기 등 기계에 손만 대면 멀쩡하던 것이 고장이 났었다. 그래서 마이너스의 손이다. 그리고 전자제품이나 기계와 관련된 어떤 것에도 관심이 아예 없다는 것을 확실히 알고 있었다. 예를 들면 자동차나 컴퓨터, 게임기 등 또래 친구들이 갖고 싶어 하는 물건에 관심이 전혀 없었다. 친구들은 컴퓨터로 게임도 하고, 자동차의 종류와 특성을 다 꿰고 있는 친구도 있었다. 그만큼 관심이 있고 흥미가 있었기 때문에 그렇게 알 수 있었던 것이다. 하지만 나는 지금도 게임을 안 하고 관심도 없다. 그리고 자동차에도 별 관심이 없다. 문제없이 굴러가고 여름에는 에어컨 잘 나오고, 겨울에는 히터만 잘 나오면 된다. 이처럼 나는 초등학생 때부터 지금까지 기계나 전자기기 종류에는 관심이 없고 흥미도 없다. 마치 풀기 어렵고, 풀고 싶지 않은 수학 문제처럼 느껴진다.

당연히 중학생 당시에는 깊게 생각하고 행동한 것은 아니었지만 지금 생각해도 그때 부모님 의견을 따르기보다 나의 의사대로 한 것은 잘한 것이다.

자신에 관해서는 부모님 보다 본인이 더 잘 안다. 부모님은 내가 기계와 전자기기에 얼마나 관심이 없고 소질이 없는지 모르신다. 하지만 난 확실히 알고 있었다. 이 길로 가면 밥 먹고 살기 힘들 수 있다는 것을 말이다.

그렇다고 해서 부모님 말씀을 모두 듣지 않고 내 마음대로 행동한 것은 아니다. 나에게 가장 영향을 많이 준 사람은 당연히 부모님이시다. 어린 시절을 돌이켜 생각해 보면 부모님께서 어떤 확고한 교육 철학을 가지고 계셔서 그렇게 하신 것 같진 않은데 나는 방목형에 가깝게 지냈다.

지금도 읍내에 나가는 버스가 1~2시간에 한 대씩 오는 시골에서 자랐다. 대도시와 비교하면 상대적으로 적었겠지만 당시에도 헬리콥터 맘(helicopter mom)이나 타이거 맘(tiger mom) 같은 분들이 계셨다. 그래서 아이가 공부를 열심히 할 수 있도록 격려하고 혼을 내기도 했다. 나는 어린 마음에 그렇게 해주는 엄마가 있는 친구가 부럽기도 했다. 어쩌면 그렇게 공부의 가이드라인을 정해주는 엄마가 필요한 것이 아니라 항상 내 옆에 있어주는 엄마를 바랐던 것 같다. 하지만 부모님은 농사일로 바쁘셔서 그렇게 해주실 수 없었다.

근데 이런 상황에서 내가 방목형으로 자란 것이 나에게는 잘 된 일이라고 생각한다. 부모님께서 지나치게 간섭하거나 과잉보호를 해주시지 않아서 그 덕에 의존적이지 않고 독립적인 성향으로 살수 있게 되었기 때문이다. 학창시절에는 방목형으로 자랐고 20살 이후에는 부모님과 떨어져서 사회생활을 했기 때문에 많은 것들을 나 혼자 결정하고 책임지는 삶을 살았다.

지금 20살이신 분들이 공감할지도 모르겠지만 나의 20대는 아무것도 모른 채 시작 되었다. 20살 때는 모르는 것투성이였다. 그때가 막 20살이 되었을 때다. 회사에서 일하고 첫 월급을 받았다. 통장에 입금된 돈을 찾으러 회사 내에 있는 ATM기기로 갔다. 고등학생 때 까지는 은행에서 돈을 찾을 일도 많지 않았을 뿐만 아니라 돈을 찾으러 은행에 가더라도 통장을 가지고 가서 직원을 통해 돈을 찾았다. 그래서 체크카드를 가지고 돈을 찾을 일이 거의 없었다. 그렇게 회사 내에 있는 ATM 기기에서 돈을 찾는데 ATM기기가 낯설었다. 체크카드를 어디에 투입해야 할지 몰라서 투입구를 찾는데도 한참 헤맸다. 그리고 익숙하지 않은 ATM기기 화면은 뭘 눌러야 돈이 나오는지 알 수 없었다. 결국 같이 일하는 형에게 대신 돈을 찾아 달라고 부탁했다.

지금 생각하면 웃음밖에 안 나오는 일이다. 돈을 찾아준 형도 나를 보고 돈이 있어도 찾을 줄도 모르는 신기한 놈이라며 한참을 웃었던 기억이 난다. 그렇게 돈 찾는 법을 배우고 나중에는 신용카드도 만들어 쓸 수 있게 되었다.

낯선 환경, 낯선 문화 그렇게 낯설기만 한 곳에서 정말 하나하나 모든 게 게임의 미션 같았던 20살 이었다. 부모님은 곁에서 도와주실 수 있는 상황이 아니었기에 자연스럽게 적응해 갔다. 20살이 넘으면 부모님이 곁에서 대신 해줄 수 있는 것들이 점점 줄어든다. 대신 자신이 몸으로 부딪치고 배우며 지식과 지혜를 쌓아야 한다. 20살이 아니어도 그러한 과정은 살면서 누구든 한번쯤은 겪게된다. 그렇다면 가능한 빨리 홀로서기를 하는 방법을 배울 필요가 있다.

현실적인 것들을 배울 수 있는 가장 확실한 방법은 직접 몸으로 부딪쳐 보는 것이다. 소소하게는 세탁기 돌리는 법, 밥 하는 법, 은행업무 보는법에서부터 직접 해보아야 할 수 있게 된다. 그렇게 하다 보면 어느 순간부터 자신만의 세계가 구축이 된다. 직업선택, 생활방식, 사람들과의 관계 맺는 법 등을 부모님의 방식이 아닌 자신만의 독립된 방식으로 하게 되는 것이다. 그렇게 되면 부모님은 곁에서 조언 정도만 해주면 된다. 결국 모든 결정은 본인이 하는 것이고 그 책임도 본인이 지는 것이다. 그렇게 사회의 독립된 존재로써 한 구성원이 되는 것이고 성인이 되는 것이다.

20살, 30살이 넘어서도 부모님께서 대신 결정해준다 해도 결국 책임은 본인이 지게 되어있다. 왜

나하면 그 결정을 부모님이 대신 했어도 자신이 살아가야 하는 삶이기 때문이다. 20살, 30살이 넘었는데 부모님께서 대신 해준다고 해도 평생 동안 해줄 수는 없다. 결국 언젠가는 홀로서기를 해야만 한다. 그래서 그 홀로서기를 가능한 빨리 하는 것이 좋다고 생각한다.

물론 20살에 대학에 가고 학업에 집중 하다보면 경제적으로는 완전히 독립하지 못 할 수도 있다. 하지만 정신적으로는 서서히, 그렇지만 확실히 독립해야 한다. 자신이 선택하고 스스로 결정해서 그 책임도 온전히 자신이 지는 자세를 보여드린다면 부모님께서도 믿어주실 것이다.

그러니 부모님 말씀은 인생의 선배가 해주는 조언이라고 생각하고 자신의 삶은 스스로 결정하고 책임지는 진정한 성인이 되어야 한다. 당연히 어떤 결과가 나오든 다른 누군가를 탓할 이유가 없다. 자신이 헤쳐 나가면 된다.

그렇게 경험한 시행착오는 힘들지만 분명 엄청난 자산이 된다. 어느 누구도 자신의 삶을 결정지으려고 하게 허락하지 마라.

. . .

너무
착하게
살지 마라

너무 착하게 살지 마라.

이 말은 지나치게 착해서 불합리한 상황에서도 제대로 말도 못하고 혼자 속앓이 하며 힘들어 하는 사람들에게 해주고 싶은 말이다.

자신보다 높은 위치에 있는 대단해 보이는 사람이나 친한 사람이라도 자신의 동의 없이 들어주기 버거운 부탁을 하거나 힘들게 하는 사람이 있다면 단호하게 NO라고 말할 줄 알아야 한다.

상대방 입장을 먼저 생각하고, 배려할 줄 아는 사람은 분명 멋진 사람이다. 하지만 자신을 잃어

가면서 까지 타인을 생각하고 배려하지 않아도 된다. 그렇게 자신의 중심이 무너지면서 마음에 쌓이는 화, 억울함, 스트레스를 혼자 참고 지나다 보면 자칫 마음의 병이 생길 수 있다. 매스컴에 나오는 연예인이나 유명인뿐만 아니라 주변에 우울증, 공황장애, 불면증 등으로 힘들어 하는 분들을 볼 때가 있을 것이다. 나도 심각한 상황까지는 아니었지만 우울증을 겪어보니 정말 무서운 병이라는 것을 알게 되었다.

제주도에 살게 되면서 알게 된 A라는 사람이 있다. A는 학원에서 아이들을 가르치는 일을 했는데 원장이 몇 달치 월급을 안 준 상태에서 학원 운영이 어렵다며 갑자기 나오지 말라고 통보했다. 그래서 밀린 월급을 달라고 했더니 주겠다는 말만 하고 이 핑계 저 핑계 대며 차일피일 미루기만 할 뿐 주지 않았다. A는 학원 원장이 현재 경제적으로 어렵다는 말에 본인은 월세, 공과금이 밀려서 속앓이 하면서도 원장의 힘든 상황을 생각해 주고 있었다.

A는 이처럼 불합리한 상황에서도 상대방 입장을 생각하고 배려하다가 피해를 보는 경우가 과

거에도 몇 차례 있었다. 그때마다 상대방에게 제 대로 따지지도 못하고 혼자 속앓이만 하다 임금 체불을 당하는 경우가 대부분이었다고 했다.

월급을 못 받으면 월세, 생활비, 공과금 납부 등 기본적으로 들어가는 돈이 밀리다보니 정상적 인 생활을 하기가 어렵게 된다. 그렇게 되면 마음 이 불안해 지고 여러모로 힘들어진다. A는 원장 에게 여러 차례 체불된 월급을 달라고 연락 했지 만 원장은 연락도 거의 받지 않고 찾아가도 언제 주겠다는 말만 할 뿐 약속을 지키지 않았다. 나도 임금체불을 당한 경험이 있어서 안타까운 마음에 A에게 도움을 주고 싶었다.

그래서 내가 일단 고용노동부와 같은 기관의 도움을 받으라고 말해줬다. 임금체불 하는 사람의 말만 믿고 기다리고만 있으면 안 된다는 말도 해 줬다. 그래서 마음 단단히 먹고 자신을 위해서 그 리고 또 다른 손해 보는 사람이 발생하지 않길 바 라는 마음에서라도 쉽게 포기하지 말라고 했다. A 는 노용노동부에 신고하고 현재 여러 방법을 통 해 체불된 임금을 받으려고 하고 있는 중이다.

인생 선배들에게 자신이 좀 손해 본다는 생각

이 들게 사는 것도 나쁘지 않다는 말을 들은 적이 있다. 나는 그 말에 많은 부분 동의하는 편이다. 하지만 A의 상황처럼 불합리한 경우에는 쉽게 넘어가면 안 된다. 의도적으로 월급을 제때 주지 않는 사업주는 이전이나 다음에도 그럴 가능성이 충분히 있다. 자신의 선의로 인해 또 다른 피해자가 생기지 않게 하기 위해서라도 넘어가면 안 된다.

우리 사회가 아직까지는 타인에게 피해를 주지 않고 선한 마음으로 사는 사람이 더 많다고 생각한다. 많이 안타까운 경우가 선하게 사는 사람이 피해를 봤을 때다.

타인을 생각할 줄 알고 배려하는 사람은 아름답다. 그렇지만 부디 너무 착하게만 살지 않았으면 한다.

자신만의 제주도를
찾길 바라요

자신에게 집처럼 편안해지고 가장 나다워지는 장소가 있는가? 제주도는 나에게 그런 곳이다. 인연이 되어 2년 전에 제주도로 이사를 오게 되었다. 이사 오던 날이 지금도 기억이 난다.

육지에서 살 때는 당시에 살고 있는 지역이 편안하고 좋았던 적이 한 번도 없었다. 집 건물이 좋았을지는 몰라도 뭔가 불편했고 나는 계속 겉돌았다. 아마도 사는 곳이 마음에 들어서 살기 시작한 것이 아니라 일 때문에 어쩔 수 없이 살게 된 곳이라 그랬는지 몰라도. 살고 있으면서도 이 지역에서 계속해서 살고 싶은 곳인지 아닌지 항상 간을 봤던 것 같다.

그랬는데 제주도에 살면서 처음으로 집처럼 편안함이 느껴졌다. 고향 같다는 생각도 많이 들고, 고향보다 더 애착이 갈 때도 있다. 제주도에 살면서 심리적으로 많이 편안해졌고 우울증도 많이 좋아졌다. 아마 진정으로 원해서 살게 되었고, 실제로 살아보니 예상했던 것보다 더 만족하는 점들이 많아서 그런 것 같다. 그러면서 제주도는 천천히 내가 나에게 온전히 집중할 수 있는 시간을 가질 수 있게 해주었다. 그런 시간들이 모여 앞으로 살아가고 싶은 삶의 방향의 윤곽이 조금씩 그려지고 있다.

예전에는 혼자 있는 시간이 외로워서 보지도 않는 TV를 틀어놓거나 술을 마셨다. 이제는 홀로 있는 시간이 외롭지 않다. 외로움을 달래기 위해 사람을 만나거나 술을 마시는 등 외부에서 해결책을 찾지 않는다. 결국 내 안에 실마리가 있다는 것을 알게 되었다. 내 책상 앞에는 나의 꿈과 꿈 너머 꿈, 올해 하고 싶은 것, 향후에 하고 싶은 것 등을 정리한 내용이 붙여져 있다. 그리고 내 가슴을 뜨겁게 해주는 말들도 함께 적혀 있다. 책상 앞에 하나씩 새로운 내용을 추가할 때 마다 나는 나답게 살아가고 있다는 생각이 든다. 이런 작업을 제주도에 살게 되면서 하게 되었고 그에 따른 구체적인 방안에 대해서도 계속해서 업데이트를 해 나가고 있다.

이렇게 할 수 있게 된 것은 사람들이 살고 싶어하는 제주도라는 그럴 듯한 곳에 살고 있기 때문은 아니다. 제주도는 그렇게 살 수 있도록 도와주는 보조적인 역할을 해줄 뿐이다.

이전과는 달리 나만의 제주도라고 할 수 있는 나다운 것이 무엇이고, 나답게 사는 것이 어떤 건지 생각하고 구체적으로 방향이 잡히면서 제주도가 더 좋아진 것이다. 2년 동안 제주도에 살면서 처음에는 나처럼 제주도 자체가 좋아서 이사 왔다가 다시 자신이 살던 곳으로 돌아가는 사람을 많이 봤다. 그리고 현재 제주도에 살고 있지만 힘들게 살고 있는 사람도 많다. 지리적으로 갖고 있는 제주도만의 매력은 1년 정도 살면 충분히 다 느끼고 이후부터는 체감하는 제주의 매력은 많이 낮아진다. 제주도를 더 이상 관광으로 온 것이 아니라 삶의 터전이고 일상이기 때문이다. 관광지를 여유롭게 구경하고 사진 찍는 여행이 아니라 먹고 사는 문제를 해결하기 위해 치열하게 살아야 하는 생존이 걸린 일이다. 현실을 직시 하게 되는 것이다.

　나 또한 제주도의 자연을 좋아하고 가능한 많이 가려고 하지만 일이 있고 하루하루 해야 되는 것들이 있다 보니 마음 편하게 자주 가기는 어렵다. 그럼에도 제주도에 계속 사는 이유는 이곳에 있을 때 가장 나답기 때문이다. 그렇기 때문에 여러 불편함을 감수하며 사는 것이다.

　나는 여러분이 남들처럼 살지 않아도 괜찮다고 생각한다. 당신은 남과 같지 않기 때문이다. 그래서 남들과 다르게 살아도 괜찮다. 중요한 건 어떻게 사는 것이 나답게 사는 것인지 알게 되고, 알게 되었다면 나다움을 잃지 않기 위해 어떻게 할 것인지 끊임없이 실행하고 그러한 과정에서 자기 자신과 대화하며 조금씩 나아지는 것이다. 그러려면 주변의 시류에 쉽게 휩쓸리지 않고 자신만의 길을 갈 수 있는 힘이 있어야 한다. 그 누가 뭐라 해도 당신은 당신만의 색깔이 분명히 있다.

무지개도 7가지 색깔이 있어야 무지개가 될 수 있듯이 다른 색깔이 되려 하기 보다는 자신의 색깔로 찬란하게 반짝반짝 빛났으면 좋겠다.